中华优秀传统文化是什么

法家第一课

高路 著

中国国际广播出版社

"中华优秀传统文化是什么"丛书总序

——传统文化与人性哲学

高 路

在深入学习领会《关于实施中华优秀传统文化传承发展工程的意见》精神的基础上，中国国际广播出版社策划编撰"中华优秀传统文化是什么"丛书。第一批推出四册，分别是《儒家第一课》《道家第一课》《法家第一课》《孝道第一课》，侧重于阐发中华优秀传统文化精髓；其后将陆续推出富于传统文化内涵的礼制、家谱、戏曲、国画、中医等方面的其他著述，为"汲取中国智慧、弘扬中国精神、传播中国价值，不断增强中华优秀传统文化的生命力和影响力，创造中华文化新辉煌"做出实际努力。

中华优秀传统文化的精髓在哪里？在中国哲学。中国哲学的精髓在哪里？在人性论。正因为我们的文化站立在人性哲学的基石上，形象地说是从人性之根长成的参天巨木，才千年不枯、不折、不倒，也才能在新时代的春天里萌发满枝新绿，而其他文明古木则无一不遭到毁弃，变成荒漠中供人凭吊的化石。

儒、道、法三大家对人性各有各的见解。儒家立足于人性善，从中引发出一系列道德原则和规范，用以教化人，建构和谐的人生、家庭和社会。道家立足于自然天性，倡导天人合一的人生境界，顺应生命的自然而然过程。法家立足于人性恶，诉诸严刑峻法，走向国家主义，以建立大一统强权为奋斗目标。

儒家建立和经营伦理道德体系，固然是为了规范行为、调整关系，更是为了把人塑造成符合人的理念的人。这在孔子那里叫作“成人”，即成为人。子路问怎样才能成人，孔子搬出四个人，要他学习臧武仲的知、公绰的廉、卞庄子的勇、冉求的才，再以礼乐进行修饰，说这样差不多可以算是“成人”了（见《论语·宪问》）。同样的问题孔子也回答过颜回（见《说苑·辨物》）。孔子这里是因材施教，针对子路的情况提出具体措施，如果扩大到所有人，那就不仅仅是这几条了，而适用于所有规范。儒家的礼乐文化实质上是为“成人”服务的，体现的是以人为本。显然孔子心目中存在着一种关于人的认识，它高于现实，代表着人的发展方向，是人的价值的终极目标，人之所以为人就在于他处在向这一目标行进的位置上。由此可以说儒家致力的是“造人”工程。

孔子的这一思想我们在马克思那里也能看到，谓之“人的生成”，也就是向着全面的人的生长。马克思指出，共产主义是“人以一种全面的方式，也就是说，作为一个完整的人，占有自己的全面的本质”（马克思《1844 经济学哲学手稿》）。全面的本质其实就是人的理念，历史从根本上说是人的建构过程。

“成人”是从本质上表达人，代表人的原型，要知道我们从哪里来到哪里去，看看“成人”就清楚了——“成人”是本原，构成了我们的出发点；“成人”是终极目标，构成了我们的归宿地。

道家正好相反，是以儒家对立面的姿态登上文化思想舞台的。老子的宇宙在本质上是一个虚无的世界，无针对的是有，有指的是儒家那套伦理道德、礼乐制度，世界本来没有这些东西，最初是纯粹的自然，也就是无，这才是本原。统治者（庄子说的圣王、圣人）不甘寂寞，发明出道德、制度和物质文明，强加给世界和人类。你不接受，他就撸胳膊挽袖子强拉硬拽地迫你站队。为了有效推行这套东西，统治者实行重奖，谁做得好就升谁的官、发他的财，结果老实巴交的汉子变成满肚子心机、损公肥私的名利之徒，毁了世界也害了人类。

在道家看来，这一套有害无益，纯属多余，就像人在五根手指之外又多长出一根，完全是累赘，很不正常。怎么办？出路只有一个，那就是把这根手指去掉，回到自然天性，重返虚无。宏观治理上这叫人效法地、地效法天、天效法道、道效法自然（见《老子·第二十五章》）；文化上这叫断绝圣人言论，抛弃思想智慧（见《老子·第十九章》）；个人生活上这叫减少再减少（见《老子·第四十八章》），合起来就是“无为”，也就是顺其自然，也叫自然而然。

道家思想很了不起，非常自觉地沿着世界观到人生观再到价值观的思路运转，由自然的世界引出自然的人性，再引出回到自然或者说返璞归真的人生最高意义。

法家出自道家，放大其阴柔的一面，将《老子》中的治理术细微化、系统化，结合政治实践给予创造发挥，终于自成一家。道家的自然人性被法家解读为人性恶，应该说不是歪曲。食、色是人的天性，与生俱来，属于不学自会的本能，可谓人身上的动物性，儒道两家称之为“人欲”，都主张给予限制。儒家的“成人”就包括用道德打压欲望，譬如克己复礼。道家的返璞归真也包括阻塞欲望，譬如清心寡欲。可见欲望是要打个问号的，不能过线。法家就是在此处做文章，即限制人欲又纵容人欲。

一方面确立法治国策，打造强权政治。为什么儒家的德治不灵？因为依据的是人性善，这是个根本错误，人性实际上是恶，食、色最后一定表现为贪婪。既然人性恶，就不能用引导的办法，而应该也只能走惩罚的道路，于是法家便搞出一套严密苛刻的法律，强制推行。这实际上是与民为敌，拿老百姓当贼盗防。

一方面利用人欲，驱使民众。你不是想升官发财吗？好，我给你机会，你好好种地，丰收有重赏；你去当兵，战场上杀一个人我给你一级爵位。这些奖励都用法律形式固定下来，条条对号入座，人人有份。于是战场上的秦国士兵红了眼，腰上挂着斩获的人头，光着膀子大喊大叫往前冲，面对这等虎狼之师，哪有不闻风丧胆的？

法家的字典里没有慈悲，一切围绕的都是国家的强大，也不见人的地位，人的价值全在于充当富国强兵的工具。

譬如孝道。儒、道、法三家都主张行孝，其中儒家最为突出。孝在儒家道德体系中属于核心规范，具有调整家庭家族关系、社会关系乃至政治关系的意义，用民间语言表达就是百善孝为先。道家反对过度用力，认为孝作为一种天生的感情和行为，自然会在每个人身上体现出来，自然而然地去做就是了，人为的强调反而会造成负担，导致虚伪，疏远人们之间的关系。法家着眼的是不尽孝的那一面，说跟这样的逆子讲道理是没用的，因为其人性特别不好，对付这种人只有一个办法，就是交给官府。执法吏腰里挂着锁人的链子手里提着刀戈棍棒上门来，不孝子马上老实了，再也不敢忤逆，因为等着他的是监禁和刑罚，悖逆或违法的成本太高。用一句话概括三家在孝道上的根本对策：儒家是文化主义的，诉诸立德和教化；道家是自然主义的，遵从个人的自觉自愿；法家是国家主义的，依赖权力对生活的全面干预。

求道不求术。无论哪一家，具体做法可以商量，也可以变通，甚至可以综合互补，但立足于人性哲学这一点，也就是道，任何时候、任何条件下都有价值，应该给予继承和发扬，使我们的生命更自觉、更主动、更有意义。

卷首语

医善吮人之伤，含人之血，非骨肉之亲也，利所加也。故舆人成舆，则欲人之富贵；匠人成棺，则欲人之夭死也。非舆人仁，而匠人贼也。人不贵，则舆不售；人不死，则棺不买。情非憎人也，利在人之死也。

——韩非：《韩非子·备内》

中华优秀传统文化是什么

法家第一课

目 录

法家概略

FA JIA GAI LUE

中华优秀传统文化是什么

法家第一课

把法家称为学派有欠全面，因为其主要代表人物大多对办学、授徒、传播思想并没有多少兴趣，而是热衷于角逐政治权力，以改革变法为己任，走的是一条政治实践的道路。他们的产品是强大的国家，思想理论上的收获是附带的。

我们不妨看看法家的几个人物。管仲长期担任春秋时期齐国的卿（丞相），在他的主持下，齐国迅速繁荣强盛起来，使国君齐桓公得以替代衰微的周天子，数次汇合桀骜不驯的各国诸侯，发号施令，为天下立规矩。战国时期的吴起先是经营魏国河西地区，后到楚国推动改革，促进了河西地区的崛起和楚国的复兴，为当时各国的新政树立了标杆。商鞅的名气更大，他是变法的代名词，他在秦国的作为造就了一个空前强大的国家，而变法所带来的强烈冲击则在整个中国大地上掀起层层波澜，促成了中国向封建形态转型的大势。还有李斯，他的名字是与千古一帝秦始皇联系在一起的，他是中国第一个大一统封建王朝诞生的助产士。不夸张地说，他们个个都是创造历史的俊杰。

一次，子路与孔子谈起了一百多年前的管仲。孔子说，要是没有管仲，你我之辈八成早就沦为夷人和狄人了，我们将披头散发，穿着左边开口的衣服（《论语·宪问》）。那时地处中原的周王朝已经没落，而北边的狄族和南边的夷族却相对强大，如果中原地区没有一个能够号召各诸侯国的领袖，那么华夏就有被灭族的危险。一旦野蛮的夷狄入主中原，习俗就会随之改变：华夏族本来束发，衣衫从右侧开口，而那时将会像蛮族一样，头发随便披散着，衣衫从左边开口。这是一个形象说法，表示文明的倒退。孔子对管仲的感激之情溢于言表，说直到他那个时代，百姓还承受着管仲的恩惠。

作为实践者，法家鄙视空谈，强调现实。他们非常实际，思想中看不到一丝一毫的理想痕迹。他们不像儒家那样，以理想人格来改造现实的人，引领社会的进步；也不像道家那样，用自然标准来批判现实，呼唤质朴和真实的回归。法家没有理想，只有目标。目标不是理想。理想永远高出现实，其作用在于导向，为人们的不断追求输送前行的动力；目标则是现实生活的一个组成，完全可以争取到手。

法家的目标只有一个，那就是富国强兵。在管仲那里，这个目标实现了，在吴起、商鞅、李斯那里，这个目标也实现了。有人说法家是君主至上者，这么说并没有什么不对，但没有触到实质。其实，法家是真正的国家主义者，在他们那里，国家才是至高无上的，包括君主在内的所有国民都必须无条件地服从国家利益，做到了这一点才算做到了“公”。君主无疑是国家的代表，但他绝不等于国家，所以君主也有一个“去私”问题。

在这个意义上，大家都是富国强兵的工具。既然是工具，就谈不上什么尊严。对于君主，法家谈的是势，也就是权位和威力——令人害怕的东西，怕一个人不等于这个人有尊严，只能说明他有力量。法家并不要求臣子发自内心地敬重、忠于君主，因为臣子根本做不到这一点，他们个个有自己的小算盘，诡诈多变，所以君主只能用带有阴谋意味的术来对付他们。至于民众，更谈不上人的尊严了，他们目光短浅，唯利是图，天生就是做坏事的坯子，只配享用强制性的法和严酷的惩罚。

法家对人的评价不高。关于人性，他们用的是这样的字眼儿："欲生而恶死"（《管子·形势解》），说白了就是贪生怕死；"利之则来，害之则去"（同上），意思是见到利益就争，遇到祸害就躲；"饥而求食，劳而求佚，苦则索乐，辱则求荣"（《商君书·算地》），说的是饿了就要吃，累了就要睡，苦了就要寻求欢乐，屈辱了就要追求荣耀；"非名之，则利之"（《韩非子·内储说上·七术》），意思是，人的作为不是为了名就是为了利，等等。这些说法综合起来就是人性是自私自利的。后人把这种见解概括为人性恶，将其列为儒家人性善的观点的对立面。

也有儒家弟子承认人性中具有恶的一面。如韩非的老师荀子、西汉大儒董仲舒、理学大师朱熹，可见人性恶并不是法家的专利。法家的独到之处在于，把恶视为人的本性（本质），而上面几位儒家学者则把恶看成是次生的东西。所谓本性，就是永恒不变的性质。这就是说，在法家那里，人的自私自利不可能被克服，如果这个性质被改变了，人就不是人了。以此为依据，法家提出了"以法治国""重罚轻赏"，用强力抑制恶的人性，从而维持正常的社会秩序。

由于人性是恶的，法家对儒家以德治国的主张嗤之以鼻。道德作为善，只能鼓励善良的人做善事，对于恶人没有任何作用。所以他们反对实施仁政，韩非甚至说，什么时候君主不讲仁爱，臣民不讲尽忠，国家强大的日子就到来了（《韩非子·外储说右下》）。为什么？因为这意味着一切都开始围绕利益这个主轴来运转，而每个人实现自己利益的行动就会形成促进国家强盛的合力。从这里也可以看出，法家讲人性，有着鲜明的目的性，紧紧扣住富国强兵这个主题；换句话说，法家是从政治角度来观测人性的。处理利益关系本来就是政治的最重要内容，因此法家把人性看成自私自利也就不足为奇了。

道德与利益哪个力量更大？这是一个问题。对此孔子是分开讲的。对于以理想人格来要求自己的人，道德胜过利益；对不打算这样做的人，利益胜过道德。所谓的“君子怀德，小人怀土；君子怀刑，小人怀惠”（《论语·里仁》）。德是德行，刑是规范，属于君子的追求；土是产业，惠是利益，属于小人的追求。按照韩非的说法，全天下只能找出孔子这一个君子，其他人都是名利之徒，所谓的人性恶。所以在现实生活中，道德敌不过利益。

法家只是反对把道德作为治国的主体，并不排斥道德。把礼、义、廉、耻作为“四维”就是管仲首先提出的（《管子·牧民》），四维是系在车篷四角的绳索，缺少了它们，车篷就张不开；如果缺失礼、义、廉、耻，社会秩序就不能维持。商鞅、韩非也强调道德的作用，譬如守信、勇敢、爱民，等等。但他们理解的道德与儒家不同，儒家的道德是人之所以为人的根据，是至高无上的东西，而在法家那里，道德早就被剥去了高尚的外衣，下降为一种手段，失去了人性的热度。

吴起在魏国做将军，一个士兵身上长了毒疮，痛得要命，吴起近前跪下，伏在士兵身上用嘴吸吮疮中的脓血。这个士兵的母亲当即就落泪了，哭得非常伤心。有人问她，大将军如此仁爱地对待您的儿子，您干吗这样难过呢？母亲说，大将军曾经为我儿子的父亲吸吮创口，没多久他便战死了；如今大将军又为我的儿子吸吮创口，他也活不了几天了（《韩非子·外储说左上》）。吴起对士兵的恩泽是要他们用生命来回报的。这是具体事例，国家的大政方针也是如此。韩非曾把实行严刑峻法说成是对民众真正的爱，因为只有这样，民众才会因为极度恐惧而不敢做坏事，从而免于遭受刑罚（《韩非子·心度》）。这样的爱让人不寒而栗。

正因为法家缺少道德敬畏意识，其代表人物的人品经常遭到非议。管仲当过逃兵，而且不止一次，所谓的贪生怕死；吴起休妻又杀妻，所谓的无情无义；商鞅设计诱捕昔日的恩人，所谓的卖友求荣；李斯谋害了狱中的同窗韩非，所谓的无毒不丈夫。再加上法家过于醉心阴谋性质的术，名声一直不佳。可以用三个词组概括他们：做事的巨人，做人的侏儒，人生悲剧的制造者。

最让人不能忍受的是法家的实践。法家的最大成果是秦帝国，在这个完全按照法家思想建立起来的国家中，统治手段野蛮而残忍，在李斯的策划下，竟然出现了焚书坑儒。百家典籍被付之一炬，仅一次就活埋了460多个持不同政见者。从此秦王朝以及法家就跟天下读书人结了仇，秦国政治备遭诋毁，法家一落千丈。这也就是法家作为一个学派，为什么在先秦以后默默无闻的原因。

然而，法家并没有断了香火。其传承有三个脉络。一个是帝王，他们公开的一面奉行的是“王道”，而暗地里却实行法家主张，人们称之为“外儒内法”。另一个是像王安石一类的改革家，每个朝代都有一些，法家思想完全可以用在变法事业上。再有一个是吏。吏虽然为官府做事，但不是官员，官员有定制、有品级，吏不在国家编制内，也没有品级，是各级职官的雇员，幕僚、师爷就属于这个群体。吏的主要职能是出主意、办事情，这正是法家的长处，所以吏大多精通法家典籍。

法家主要典籍基本上流传了下来。早期法家的代表作是托名管仲的《管子》，主张礼、法并举，以法为主。中期法家的代表作是商鞅的《商君书》，强调农耕和兵战，主张法治。晚期法家的代表作是韩非的《韩非子》，全面提出了法、术、势三合一的思想理论。韩非在法家代表人物中，是唯一没有主持过政务的人，这使得他可以把全部精力用在著书立说上。他是法家的集大成者，同时也为法家思想的发展画上了句号。

在诸子百家中，法家离道家思想最近。老子的无为、阴柔、至公等思想都极大地影响了法家。《韩非子》中有两篇专门论述老子，一篇叫“解老”，从理论上解释老子；另一篇叫“喻老”，用故事阐述老子。道家中还有一个叫慎到的人，把无为与法治相结合，被后人视为道家向法家的过渡。由于法家与道家的这种微妙关系，司马迁作《史记》，将道家与法家列为一卷，题为“老子韩非列传”。

法家最大的成功是造就了强大的秦国，最大的失败是造就了强暴的秦国。真是“成也萧何，败也萧何”，历史常常这样跟人开玩笑。

法家人物小传

FA JIA REN WU XIAO ZHUAN

管仲 吴起 商鞅 韩非

中华优秀传统文化是什么

法家第一课

管仲

（？～前645）

管仲，名夷吾，字仲。春秋时期颍上（今属安徽省）人。早年经商，后被齐国的国君齐桓公任为卿大夫，主持齐国政局40年。他锐意改革，兴利除弊，通货积财，把齐国治理成当时最强大的诸侯国。以强大的国力为后盾，他协助齐桓公以“尊王攘夷”号召天下。所谓尊王，就是拥戴已经失去实际控制力的周朝天子；所谓攘夷，就是抵御中原华夏族之外的其他族群。这个策划极为成功，不仅稳定了天下局势，而且使齐桓公以中流砥柱的形象展现在诸侯和世人面前，成为春秋时期的第一位霸主。

管仲有两件事最为著名。一件是他与鲍叔牙的关系。他俩合伙做生意，分钱时他拿得多，鲍叔牙不认为他贪心，而认为他需要钱用；管仲在战场上三番五次地逃跑，鲍叔牙不认为他胆小，而认为他有老母亲需要照顾；管仲辅佐的公子在政治上失败后，别的追随者以自杀表示气节，而管仲却选择活下来，鲍叔牙不认为他无耻，而认为他胸怀大志。相知到这个份儿上，真可以说是天下第一朋友。另一件是他与齐桓公的关系。齐桓公做公子的时候，管仲是他的对立面，辅佐的是另一位公子。为了使这位公子能够抢先登上君位，管仲半路设伏，亲自放箭射杀齐桓公，幸亏齐桓公机智，躺倒装死，才逃过一劫。但齐桓公不记私仇，反而把国家行政大权托付给管仲，使他得以成为一代名相。互信到这个份儿上，真可以说是天下第一君臣。

管仲说自己是“不羞小节，而耻功名不显于天下”（《史记·管晏列传》）。意思是不为小节而羞愧，只为不能建功立业、扬名天下而耻辱。他的功绩除了把齐国建成当时最强大的国家外，还留下了一套治国方略。他是第一个明确提出“以法治国”并付诸实践的人，吴起、商鞅、韩非、李斯等法家巨子正是沿着这个思路往前走的。但他又不像后来的法家那样极端和冷酷，主张在实行法治的同时，采取德治；在维护国家利益和君主地位的同时，顺应民意，爱护百姓。

管仲的思想言论收入《管子》一书，此书为管仲的追随者所著。

吴起

（约前 440 ~ 前 381）

吴起，战国时期卫国左氏（今山东省曹县西北）人。曾经投入孔子的学生曾参门下学习，后放弃儒学，研读兵法韬略，走上了从政道路。吴起曾为多个诸侯国服务。先是在鲁国为将，大败齐军，创造了以弱胜强的战绩。后来到魏国为将，出击秦国，连下五城，取得了魏国对秦作战中最大的胜利。他又统率 5 万士卒，击溃 50 万秦军，创造了兵战史上的奇迹。魏王将西河地区托付给他，他在那里实行耕战，进行改革，使这一地区得到迅速发展。他在魏国的作为，充分展示了军事、政治才能。之后，他来到楚国，担任令尹（相），主持变法，使一度陷于贫国弱兵的楚国实力大增，竟然出兵中原，一直打到黄河边上。

吴起的故事很多，留给人们的印象很是另类。他功利心极强，以至于亲人都可以牺牲掉。在曾参门下时，母亲死了都不回家看看，气得曾参跟他绝了交。因为妻子没有完全按照他的要求编织一条丝带，就离弃了她；在鲁国为将时，由于妻子是鲁国的宿敌齐国人，受到怀疑，他就杀了妻子以表明自己的忠心。他心计极深，以至于死到临头都不吃亏。当那些在他的变法中受到打击的贵族们群起而攻之的时候，他竟然把身上中的箭拔下来插进楚悼王的尸身上，把“射王尸”的死罪扣在政敌头上，拉上了 70 多家大贵族跟他一块儿去死。母亲、妻子是至亲，楚悼王是知己，至爱亲朋都可以变成手段，还有什么不能践踏的？所以，当他极力展示人性中美的一面时，总是让人疑心背后隐藏着不可告人的目的。为了信守与熟人一起吃饭的约定，他整整饿了一天；为了减轻士兵的痛苦，他跪在地上用嘴吸吮患者疮中的脓血——凡此种种，谁又能相信他是真心实意的？

吴起的改革以“明法审令”为核心，也就是重新修订法令。楚国实行的是贵族分封制，大贵族拥有自己的封地，世代相袭，严重威胁国君的权威，分散了国家实力。吴起废除掉原来的分封世袭制，强令那些封君交出领地，由国家统一管理。同时，鼓励农耕，加强武备，实行富国强兵。吴起的改革具有普遍意义，后来的商鞅变法一定程度上是吴起变法的重演，就连二者的个人结局都极为相似。吴起是战国时期变法的开路者。

吴起留下了一部著作，是兵书，叫《吴起兵法》。

商鞅

（约前 390 ~前 338）

商鞅，本叫公孙鞅，姓姬，公孙是他的氏，名鞅。他是卫国的庶出公子。公子就是后来人们说的王子，庶出，是妾生的儿子。由于他属于公族（王族），习惯上把国名“卫”放在他的名字前面，称为卫鞅。后来因功被秦国封在商地，又被称为商鞅。

公孙鞅先到魏国谋事。其间受到一个叫公子卬（ áng ）的人的照应，两人情同手足。后来听说秦国招募人才，公孙鞅便只身前往。起先国君秦孝公并不看好公孙鞅，后来听了他以法家思想设计的强国之道，一下子就被迷住了，谈话时不由自主地朝公孙鞅那边靠过去，膝盖移出了身下的席子都不知道。

秦孝公决定起用公孙鞅。经过三年精心准备，公孙鞅被任命为左庶长，主持变法。公孙鞅认为，治国之要在于抓住三个根本，即法、信、权（《商君书·修权》）。法就是“任法而治”，也就是以法度为最高准绳，做什么、不做什么、怎样做，一切以法律为转移。信讲的是赏罚，所谓赏罚有信。权就是国家权力，一定要集中在君主手里。秦国的变法实际上就是围绕这三个根本展开的。

公孙鞅与吴起一样，锋芒所向直指旧制度和旧贵族，引起了旧势力极大不满，但在秦孝公的坚决支持下，他们无法阻挡新法的实施。没用几年，一个野蛮落后的秦国竟然呈现出民富国强、社会安定、兵强马壮的新气象。秦国终于有资本与各诸侯国角逐中原了。

公孙鞅被任命为大良造，这个官位是将相合一的职务，既有行政权，又有军权。这时，秦国的作战对象是横在东进路上强大的魏国。趁着魏国的庞涓被齐国的孙膑打败的机会，公孙鞅统领大军讨伐魏国。魏军的统帅正是公子卬。公孙鞅派人送信给公子卬，建议休战，并提出见面。公子卬同意了，但他万万没有料到，正在他们两个老朋友推杯换盏的时候，埋伏的勇士一拥而上，擒住了他。公孙鞅下令进攻，失去了统帅的魏军乱作一团，十万大军遭到歼灭。

这一仗根本扭转了秦魏两国的实力对比，自此秦国的力量超过了魏国。就是因为这个功劳，秦孝公把商地15个城邑封给公孙鞅，人们开始叫他商君、商鞅。

秦孝公死后，新君即位，有人告商鞅谋反，他只好带着一家老小出逃。魏国与秦国接壤，如果魏国不让他入境，他逃不出秦国。商鞅请求入境。魏国守将怀疑他要阴谋，说："你连好朋友公子卬都欺骗，谁敢保证你不是在骗我呢！"下令士兵把他赶回秦境。没有办法，商鞅只好逃回自己的封地，组织武装，这回是真的造反了。秦军前来镇压，他只有自己的区区封地，哪里是他亲手打造的战争机器的对手？结果被杀死了。国君觉得这么死太便宜了他，又处以五马分尸的刑罚，还杀光了他全家。

商鞅死后，他的弟子整理他的遗作，编辑成册，命名为"商子"，后人称《商君书》。

韩 非

（约前 280 ~ 前 233）

韩非是韩国的公子，口吃，不善言辞。最初曾经跟着儒学大师荀子学习。同学中有一位楚国青年，就是后来做到了秦国丞相的李斯。这时的儒家处于低潮，因为它的主旨与当时社会大兼并、大竞争的潮流相去甚远，就连荀子都对儒学做了一些修正，提出人性恶的观点来补充传统的人性善思想，但其最终回归礼制的结论使韩非难以接受。于是韩非便离开荀子，回到韩国精心研读法家学问，著书立说。

韩非以广博的学识和对历史以及现实的深刻理解，在法家政治实践的基础上，综合以往法家思想精华，创立了自己一套相对完整的学说。其最大特点就是把法、术、势三者相结合。其中，法指的是以法治国，这是治国的根本方针；势指的是包括赏罚权在内的权位和威力，它是实行以法治国的政治基础和保证；术是计谋，基本功能是把权力用活。

韩国是战国七雄之一，但却是其中最弱小的，在那个被韩非称为“争于气力”的年代，弱小就是被宰割的代名词。他几次上书韩国君王，建议变法图强，但没人答理他。然而，有一个人却被打动了，这人就是秦王嬴政，后来的秦始皇，当时最有力量的君主。嬴政看了他书中的几个篇章，叹道：“哎呀！寡人要是能够见到这个人，与他交往，就是当即死去也没有任何遗憾！”于是便发兵攻打韩国（《史记·老子韩非列传》）。韩王没辙，只好派韩非做使者前往秦国谈判。

嬴政喜欢读韩非的书，加上韩非本人又口吃，韩非便把自己的见解写成文章呈送秦王，中心意思是劝说嬴政保留韩国，全力以赴地对付赵国。韩非维护韩国的立场与嬴政横扫六国的雄心是矛盾的，是否启用韩非，嬴政犹豫不决。这时候，李斯出场了。他暗示秦王，留下韩非这个旷古奇才，对秦国是个祸患。就这样，嬴政把韩非关进了监狱。李斯派人给韩非送去毒药，让他自杀。韩非没有办法，只好服毒自尽。韩非的理论极其严谨、透彻，但他处理现实生活的本领却不怎么样，结果死于自己的崇拜者和同窗之手。

李斯害死了韩非，他自己的下场更惨。秦二世的时候，他遭赵高陷害，被捕入狱，受尽了酷刑的折磨，屈打成招，最后与儿子一起被押上刑场，腰斩而死。受他连累的还有家人，被灭三族。

韩非的著述总称《韩非子》，其中有一小部分为别人所作。

目标：富国强兵

MU BIAO FU GUO QIANG BING

要 义

要造就强大的国家，必须准确把握时代的根本特征。在群雄并争的条件下，决定最终胜负的因素不是道德也不是智慧，而是实力。农耕、兵战、教化和集权是打造国家实力的基本方面。

中华优秀传统文化是什么

法家第一课

时代的政治特征

法家的政治观具有鲜明的强力色彩，那么，法家为什么主张强力政治呢？

德治误国

回放

战国时期，赵国的国君赵武灵王想吞并旁边的中山国，就派一个叫李疵的人前去察看。

李疵回来报告：“可以攻打中山国。不过请您及早动手，要不就会被齐国和燕国占了先。”

赵武灵王问：“你凭什么说我们可以讨伐中山国呢？”

李疵说：“中山国的国君喜欢亲近高士，还推重读书人。为了表达他的敬意，彰显风气，他竟然亲自驱车前往破旧的巷子里拜见他们，还邀请他们和自己同乘一辆车子，得到这种待遇的儒生数以十计；被以平等礼节对待的儒生那就更多了，数以百计。”

赵武灵王摇摇头，说：“照这么看，中山国的国君是位贤明的君主，贤君当政，怎么可以攻打呢？”

李疵说：“不是这么回事。喜欢高士，抬高读书人的地位，并与他们共商国是，战士就不会舍命作战；敬重学者，把地位不高的人请到朝廷里来，农人就不会卖力种田。战士打仗不拼命，军队的战斗力一定不强；农人种田不出力，国家一定不富裕。兵力不如敌国，国库又空虚，这样的国家不灭亡的，还从来不曾有过。所以我说可以攻打中山国。”

于是，赵武灵王出兵讨伐中山国，吞并了它。

原文摘要

赵主父使李疵视中山可攻不也……疵曰："不然。夫好显岩穴之士而朝之，则战士怠于行阵；上尊学者，下士居朝，则农夫惰于田。战士怠于行陈者，则兵弱也；农夫惰于田者，则国贫也。兵弱于敌，国贫于内，而不亡者，未之有也。伐之不亦可乎？"主父曰："善。"举兵而伐中山，遂灭也。

——《韩非子·外储说左上》

简议

高士和读书人是所谓的贤士，代表道德，中山国的尊贤其实意味着崇尚以德治国的方略，其结果是亡国。赵国不同，它的统治者原本是春秋时期晋国的一个卿大夫，后来与韩、魏两个卿大夫合伙瓜分了晋国，史称"三家分晋"，而晋国一向推行以法治国，所以赵国追求实力扩张是有传统的。

这个故事出自法家集大成者韩非（约前 280 ~ 前 233）所著《韩非子》，类似的故事在这部书中还有不少，其中最著名的就是宋楚泓（hóng）水之战。当时宋军已经列好了阵势，而楚军正在渡河，有人建议宋国国君宋襄公趁势出击，宋襄公认为这样做不仁义，断然拒绝。等楚军完全准备就绪，宋襄公才下达攻击令，结果大败，自己也受伤死去。在韩非看来，仁义道德可以用来做游戏，但绝不能用在政治上，用它来治国，一定造成混乱和衰落，最后灭亡（《韩非子·外储说左上》）。

之所以说仁政误国，主要有三个方面。

首先，从统治者自身看，它有两个害处。一是没有可操作性。德治的一个基本特征是以最高统治者的表率作用带动民众道德水平的提高，然而最高统治者能做到这一点吗？韩非认为不能够，他说："一定要依靠君主先去亲身行动而后民众才去遵从，岂不等于要让君主成为种田能手，农人才肯耕种，要让君主成为排头兵，将士才肯打仗吗？这不是把君主置于太危险的境地吗？不是使臣民太安逸了吗？"[①] 一个君主可能在某个方面出类拔萃，但不可能在每个行当上都是状元。二是削弱君主意志。君主应该以国事为重，只讲原则不讲人情，但仁义道德却使他狠不下心来，变得像溺爱孩子的母亲，而百姓也会成为被惯坏的孩子，这样的国家是强盛不起来的，所以有为的君主绝不上仁义的当。秦国的国君秦昭王患病，百姓宰牛祭神为他祈祷，他却下令罚他们每人上交两副铠甲，他这样说："百姓自发祈祷是爱我，然而却使我也要以同样的爱心去回报他们，这样就会造成法令的改变，而法制一旦被动摇，国家就会败亡，所以必须惩罚他们。"（《韩非子·外储说右下》）

其次，从德治的作用看，它照顾到了民众，但却损害了国家。韩非说过这样一件事：鲁国有一个人跟随国君去打仗，上了三次战场，逃跑了三次。孔子问他为什么当逃兵，他说自己的父亲已经老了，要是他战死，老父就没人养活了。孔子称赞他是孝子，推举他

---

① 夫必恃人主之自躬亲而后民听从，是则将令人主耕以为上、服战雁行也民乃肯耕战，则人主不泰危乎？而人臣不泰安乎？（《韩非子·外储说左上》）

做了官。但这样一来，鲁国就不再有勇敢的士兵了，上战场的人都琢磨怎样才能保住性命，动不动就逃跑甚至投降，这样的军队还能保卫国家吗？（《韩非子·五蠹（dù）》）

再次，从德治与法治的关系看，倡导仁义一定会削弱法治。这一点后面还要专门谈，不赘述。

由于以上原因，法家认为儒家依靠道德力量来治理国家的“王道”在现实政治中是根本行不通的。法家代表人物商鞅说：“以仁政进行治理，国家定然被削弱。”①

法家也不是一概反对王道，而是强调这种治国方略是很早以前的事情，韩非曾这样总结：“上古竞于道德，中世逐于智谋，当今争于气力。”（《韩非子·五蠹》）意思是说，上古时期，竞争是在道义上展开的；中古时期，换成在智谋上进行角逐；而到了他那个时代，人们已经是在力量上进行比拼了。时代变了，治国方略也必须跟着变。韩非举例说，商朝末年时的周族领袖以仁政收服人心，得到天下，后来有一个国家叫徐国，曾强盛一时，但由于实行仁政，被楚国灭掉了。这表明仁政只适于古代而不适于当今。

---

① 以治政者，削。（《商君书·去强第四》）

智谋不决定成败

回放

秦国发兵进攻韩国的宜阳地区，韩国的国君焦急万分。

有人出主意说："倒不如拿出一座像样的城市送给秦国，与它结盟，一起讨伐南边的楚国，这样不光可以解除眼下危机，还可以把秦国这股祸水引向楚国，从而为韩国创造长久安定的环境。"国君接受了这个建议，着手与秦国讲和。

消息传到楚国，楚王很是害怕，打定主意无论如何也不能让韩国的阴谋得逞。就派了一个得力使臣，率领装满礼物的庞大车队前往韩国。使臣对韩国国君说："楚国士兵都已经征召到位了，准备与贵国一起抗击秦国，您又何必白白地送给别人一座城市呢？请向秦国表示抵抗的决心。"见国君犹豫，使臣又说："楚国的军队准备得怎样，您派使者去看看就知道了。"

韩国使者到了楚国，果不其然，一辆辆战车、一队队骑兵整齐地排列在通往韩国的大路上。楚人对使者说："请报告贵国国君，楚国援军马上就到。"

韩国国君听了汇报，非常高兴，立即停止了与秦国讲和的工作。秦国加强了军事行动，宜阳告急。韩国不断派人到楚国催促救兵，使臣来了又去，去了又来，一个接着一个，可就是不见一个救兵。

没多久宜阳就失守了。韩国的做法一时传为笑柄。

原文摘要

昔者秦之攻宜阳，韩氏急。公仲朋谓韩君曰："……因赂以名都而南与伐楚，是患解于秦而害交于楚也。"……楚王闻之，惧……发信臣，多其车，重其币，以奉韩，曰："不穀（gǔ）之国虽小，卒已悉起，愿大国之信意于秦也。因愿大国令使者入境，视楚之起卒也。"韩使人之楚，楚王因发车骑陈之下路，谓韩使者曰："报韩君，言弊邑之兵今将入境矣。"使者还报韩君，韩君大悦，止公仲……宜阳益急，韩君令使者趣卒于楚，冠盖相望而卒无至者。宜阳果拔，为诸侯笑。

——《韩非子·十过》

简议

面对强大的秦国，韩国为了自保，采取了嫁祸于人的计谋，试图把灾难转移到别国身上。但谁都不傻，楚国一眼就看穿了韩国的伎俩，以其人之道还治其人之身，挖了个坑，引诱韩国自己往里跳，最后倒霉的还是韩国。这说明智谋有一定的功效，韩国的办法缓和了眼前危机，赢得了一些时间，但效果有限，其作用是暂时的，不能根本解决自己的安全问题。

法家不像儒家那样，干什么都要求名正言顺，堂堂正正，而是热衷于包括诈术在内的谋略的。法家将谋略称为"术"，术属于智慧机巧，是做事所必需的手段。譬如"汤武革命"。商汤起来讨伐暴君夏朝的桀帝、周武王讨伐暴君商朝的纣帝，夺得了天下，法家与儒家对其中得失的认识就很不一样。孟子认为汤武革命之所以成功，是因为桀和纣失去了民心，而汤、武则是替天行道。春秋时期法家代表人物管仲虽然也认为人心重要，但更强调谋略的作用。他说："周武王的国土不过方圆百里，士兵不过万把人，然而却能够战无不胜、攻无不克，夺得天子大位，被世人称为圣王，就是因为懂得在所要做的事情中贯彻术。桀、纣贵为天子，富有海内，国土广阔，兵多将广，但却身死国亡，被天下视为反面教材，就是因为不懂得在所要做的事情中贯彻术。所以能够运用术的，小的可以变大，贱的可以变贵；不能够运用术的，即使处于天子的高位，人们也会把一切从他那里夺走。"①

法家著作中，谋略论述占有相当篇幅。管仲的《管子》一书中就有不少这方面的材料，其中有一条计谋叫"御神用宝"，也就是借用神的名义来发挥宝物的作用。事情是这样的：一个齐国人挖地时发现一只龟，国君齐桓公派出专使，带着十辆马车和百斤黄金来到那户人家，传达国君命令，说这只龟是东海海神的后代，暂时寄居在这里。现在国君赐给你中大夫的爵位和黄金百斤，以示褒奖。然后把神龟毕恭毕敬地迎进宫中，供奉在高台上，每天杀四头牛，用它们的血进行祭祀。四年后，齐桓公出兵讨伐北面的孤竹国，为

① 古者，武王地方不过百里，战卒之众不过万人，然能战胜攻取，立为天子，而世谓之圣王者，知为之之术也。桀纣贵为天子，富有海内，地方甚大，战卒甚众，而身死国亡，为天下僇（lù）者，不知为之之术也。故能为之，则小可为大，贱可为贵。不能为之，则虽为天子，人犹夺之也。故曰："巧者有余而拙者不足也。"（《管子·形势解》）

了解决军粮问题，就把神龟抵押给一家大富户，按照神龟的价值借到了足够三军吃五个月的粮食。之后，齐桓公又不断花样翻新，借助神龟敛财，最后一算，从这只龟身上获得的收入竟然相当于两个齐国土地的价值。用今天的话说，这条计谋叫作“炒作+提高附加值+充分利用行政资源”。

智谋尽管很重要，但不是决定成败的最终因素，只是解决问题的辅助手段。常言说巧妇难为无米之炊，如果齐国缺少粮食，计谋再高超，也不会筹集到足够的军粮；如果齐国兵力很弱，计谋再高超，也战胜不了孤竹国。只有当人们普遍愚笨的条件下，智谋才起关键作用。按照韩非的见解，这种情况只存在于从前的时代，战国时期已经看不到了，因为人们变得智慧而狡诈。商鞅这样说：“国家没有实力却醉心于智谋诈术，定然走向灭亡。”[①]

① 国无力而行知巧者必亡。（《商君书·去强第四》）

凭实力说话

回放

秦国讨伐其他国家，并不以道义为理由，而是赤裸裸地张扬武力。

它这样对楚国说：“秦国在蜀地的大军，借夏季水势乘船直下长江，五天就能到达楚国的都城郢都。在汉中的大军，借夏季水势乘船直下汉江，四天就能到达楚国腹地江汉之间的湖泊。在宛东的大军，可以直接到达楚国的随地，到时候楚国的智者来不及谋划，勇士来不及发怒，我们已经像射击天上的鹰隼（sǔn）一样迅速出现在你们面前。”楚国害怕了，侍奉秦国十七年。

它这样对韩国说：“秦国大军从少曲出发，一天就可以切断太行山通道；从宜阳出发，直下韩国的平阳，两天之内，动摇韩国全境；秦国大军借道东周和西周这两个小国，直插韩国都城新郑，用不了五天就可以占领你们的国都。”韩国承认是这么回事，顺从了秦国。

它这样对魏国说：“秦国大军攻占魏国的安邑城，围困女戟城，就可以夺取韩国的太原城。之后大军借着夏季的水势，驾乘轻便战船，以强弓劲弩为前锋，以长矛利戈为后卫，直插魏国腹地。掘开荥（xíng）泽口，引大水淹没魏国的都城大梁；掘开白马河口，引大水淹没外黄城和济阳城；掘开宿胥口，引大水淹没无虚城和顿丘城。然后，从陆路进攻，可以打击魏国的河内地区；从水陆进攻，可以毁灭大梁城。”魏国认为实情是这样，服从了秦国。

类似这样的事情很多，秦国屡屡得手，最后依靠超强实力横扫六国，夺取了天下。

原文摘要

（秦）告楚曰："蜀地之甲……乘夏水而下江，五日而至郢。汉中之甲……乘夏水而下汉，四日而至五渚（zhǔ）。寡人积甲宛东下随，智者不及谋，勇士不及怒，寡人如射隼矣……"楚王为是故，十七年事秦。

——《史记·苏秦列传》

简议

秦国的做法反映了战国时期政治活动的基本特征，没什么道理可讲，也用不着使用多少智谋，明着跟你说，我就是要打你，服不服你掂量着看，要是不听话，咱们就动手试一试。结果是小的服从大的，弱的顺从强的，谁的实力最雄厚，谁就是老大。所以韩非说"当今争于气力"。不光韩非这样认为，商鞅也是这个观点，他说："民众愚笨，运用智慧就可以称王天下；世人聪慧，必须以力量才能够称王天下。"① 气力、力量就是我们今天说的实力。

什么是那个时代的实力？概括地说就是兵精粮足。秦国是当时"七雄"中最强大的国家，韩国是最弱小的国家。我们通过当时纵横家张仪的说法来比较一下两国的情况。秦国的国土占当时中国的

---

① 民愚，则知可以王；世知，则力可以王。（《商君书·开塞第七》）

一半，粮食堆积如山；韩国的土地方圆不过九百里，储存的粮食勉强可以对付两年。秦国拥有勇猛士兵一百多万，战车一千辆，战马一万匹；韩国能够打仗的士兵最多只有二十万。秦国的战马腾空一跃，前后蹄的距离相差两丈多，士兵赤膊上阵，勇不可当，左手提着敌人的头颅，右手用来抓俘虏；韩国的士兵身披厚重的铠甲，戴着头盔，想的不是怎样杀敌，而是如何保命。实力如此悬殊，所以没等对方动手，韩国就已经服软了。这就是靠实力说话。

角力是一个非常残酷的过程，通行的原则是弱肉强食。战国初期，尚有几十个国家，经过激烈的大竞争、大兼并、大整合，最后形成了齐、楚、燕、韩、赵、魏、秦七个大国并列争雄的局面，比拼更加残酷。仅秦国与赵国、魏国、韩国从前 328 年至前 303 年的 25 年间的几次大战，秦军就杀掉了三个国家的几百万人口，乃至后来活下来的人几乎都是那时的遗孤。

各国之间为什么要展开如此残酷的竞争？说到底就是为了称王天下。法家就是在这个背景下发展起来的学说，它的思想理论始终紧紧扣住如何造就强大国家这个主题。

拾得

韩非关于“上古竞于道德，中世逐于智谋，当今争于气力”的论断是对历史的正确总结，它至少揭示了两点。第一，社会政治是一个变化和发展的领域，其中起决定作用的因素因时代的不同而不同。时代变了，人们的政治观念也应该随之转变，否则就一定会落伍，错过发展时机，在国家的角逐中成为被欺负的对象，任人宰割，最后被淘汰掉。第二，明确了当时国家的发展方向，这就是不断地提高自身实力，打造一流强国。

这里有两个例子，一个是鲁国，周公的封地，孔子的故乡，是礼制最完备的国家，也是文化最发达的国家；一个是秦国，地处偏僻的西北一隅，曾被中原诸国视为野蛮部族，备受歧视和嘲笑，曾是文明程度最落后的国家。然而两国的命运却截然不同，鲁国在战国时期的大兼并中早早地就被消灭掉了，而秦国却一跃成为超强国家，最后横扫六国，统一了天下。原因是多方面的，其中最根本的就是政治理念上的差距。秦国认清了“当今争于气力”的基本特征，通过一次次改革将所有力量都集中在发展自身实力上，而鲁国却始终在以礼制和道德为核心的传统政治的阴影中徘徊。

法家之所以旗帜鲜明地反对以德治国，说到底就是因为这种国策不能增强国家实力，只会导致国家越来越孱弱。秦国变法的策动者和组织实施者商鞅曾经总结了误国误民的六大祸害，称之为“六虱”，它们是“礼、乐；《诗经》《尚书》；修养、善心；诚实守信、正直廉洁；仁爱、道义；反对战争和以参加战争为耻辱”。[①] 礼、乐是儒家推崇的制度，《诗经》《尚书》是儒家经典，反战是儒家对战争的基本态度，其他的是儒家倡导的道德规范，这些都是以德治国的具体内容。商鞅说：“礼乐之类的虱害一旦盛行起来，国家必定被削弱。”[②]

在法家看来，道德不仅不是治国的主导，也不是政治活动的标准。韩非讲过这样一件事：齐国准备攻打鲁国，鲁国自知不是对手，就派子贡去齐国说理。子贡是孔子门下言语科成绩最优秀的学生，当时最好的外交家。齐国人对他说，你讲的都对，可是对不起，我们要的是土地，而不是你那套仁义道德。结果齐军大举入境，一直打到离鲁国都城大门十里的地方才停下脚步（《韩非子·五蠹》）。在“争于气力”的时代，没有一个政治家严格按照道德标准去行事。

在这一点上，被西方称为“政治学之父”的马基雅维里（意大利，1469 ~ 1527）与法家的见解是一致的。马基雅维里认为，世间存在着种种美德，例如慷慨、乐善好施、慈悲、守信、勇敢、和蔼、纯洁、诚恳、稳重、虔诚，等等，但君主根本没有必要也不可能完全拥有这些品质，除了人性的原因外，最重要的是他必须对自己的统治地位负责。这就决定他一定要“避免那些使自己亡国的恶行，而还要保留那些不会让自己亡国的恶行”（马基雅维里 《君主论·第十五章》）。“一个君主如果要保持自己的地位，就必须学会做

---

① 六虱：曰礼、乐；曰《诗》《书》；曰修善；曰诚信、贞廉；曰仁、义；曰非兵，曰羞修战。（《商君书·靳令第十三》）

② 礼乐虱官生，必削。（《商君书·去强第四》）

坏事，而且知道如何根据情况需要使用或不使用这一手。”这就是说，所谓美德和恶行，不过是世俗的说法，对君主而言，一种行为是善的还是恶的，另有标准，这就是统治的需要。

总之，政治是一个特殊领域，有它自己的一套规则，将政治道德化，以道德主导政治，往往会带来灾难性后果。明朝末年，农民起义风起云涌，遍地狼烟，满洲女真族趁机在关外迅速崛起，明政权陷入两面作战。崇祯皇帝私下与满洲接触，试图媾和，以便腾出手来集中全力打击农民军，然后再回过头来解决关外问题。不料消息走漏，大臣们联合向崇祯施加压力，理由就是这种做法违背道德原则，逼得崇祯不得不中断议和。从这里看，明帝国的覆灭不仅是人和制度的问题，也是思想文化问题。儒家学说占据主导地位，政务就一定与道德纠缠不清，难免出现重情理轻现实的倾向，流于清谈和空论，误国又误民。

法家将道德与政治相切割，目的是去除政治领域中的道德束缚，打开通往强国之路的大门。那么，要造就强大国家应该从哪些方面入手呢？

强国的途径

要使国家富强，
必须抓住四个基本方面，
这就是农耕、兵战、思想管制和集权。

农 耕

回 放

齐国的国君齐桓公问管仲："怎样才能使国家富足？"

管仲伸出手掌，说："对民众中精通农业生产的人——"他看一眼齐桓公，按下一根手指，"赏给黄金一斤，相当于八石粮食。对民众中擅长饲养牲畜的人——"他又按下一根手指，"赏给黄金一斤，相当于八石粮食。对精通园艺的人，赏给黄金一斤，相当于八石粮食。对擅长种植瓜果蔬菜的人，赏给黄金一斤，相当于八石粮食。对那些能够医治疾病的人、懂得天时变化能够预测收成的人、精通种桑养蚕能够防治蚕病的人，一律按照以上待遇，赏给黄金一斤，相当于八石粮食。"管仲每说到一种人就按下一根手指，总共按下了七根手指。

管仲接着说："除了奖励外，还要多听取他们的意见，并且记录在档，同时免除他们的兵役。"顿了顿，他加重语气强调："这件事应该作为国策的一个重大内容定下来。只要去实行，就可以充分满足国家各项开支，保证国库充实。"

"还有呢？"齐桓公问。他奇怪管仲为什么没有谈到商人，齐国的商业很发达，齐商的足迹遍及各国。

管仲说："对了，还要给流通划定一个界限，运用政令来进行干预，控制各种物资的流通。"

齐桓公点了点头，接着问："还有呢？"

管仲说："要分别设立专门的职官进行管理，至于谁来管理这些职官——"管仲抬眼望着齐桓公说，"当然是国君您。"

原文摘要

桓公问于管子曰："请问教数。"管子对曰："民之能明于农事者……民之能蕃育六畜者……民之能树艺者……民之能树瓜瓠（hù）荤菜百果使蕃裕者……民之能已民疾病者……民之知时……民之通于桑蚕……皆置之黄金一斤，直食八石。谨听其言而藏之官，使师旅之事无所与，此国策之大者也。"

——《管子·山权数》

简议

管仲主张给予优待的七种人，除医生外，都属于农业范围中的行业，他们不仅可以从国家获得丰厚的物质奖励——当时的一石相当于 30 公斤左右，八石粮食足够一个成年人吃一年——而且社会地位也很高，有发言权，还能享受免服兵役的特权。管仲之所以提出这个主张，目的是扶持农耕。他特别强调，这是一项基本国策。为了推行这一国策，他提出由国家管理生产，并由最高统治者亲自负责。

管仲的这个主张反映了法家以农耕富国的政治理念。在法家看来，农业、商业、手工业等诸种产业，唯有农业能够使国家走向富强。对此商鞅说得很明白："从前的圣王抛弃空谈，立足于农耕和兵战。所以说：如果全国人口中，一百个人从事农耕，一个人干别的，这个国家就可以称王天下；如果全国人口中，十个人从事农耕，一个人干别的，这个国家还可以进入强国的行列；如果全国人口中，一半人从事农耕，一半人干别的，这个国家就危险了。因此治理国家首先要做的就是让尽量多的人务农，国家不重视农耕，在与其他诸侯国的竞争中就没有可以依持的东西，处处捉襟见肘。别的国家就会因为它的衰弱乘虚而入，割占它的国土使其一蹶不振，到了这一步，要想再振作就晚了。”[①] 商鞅认为，如果一个国家能够专心致力于农耕和兵战一年，这个国家就会强大十年；如果能够专心致力于农耕和兵战十年，这个国家就会强大一百年；如果能够专心致力于农耕和兵战一百年，这个国家就会强大一千年；强大一千年的国家其实就是称王天下的国家（《商君书·农战第三》）。

发展农耕不仅是富国的必由之路，也是铸造优良的国民性格的有效途径。决定国家实力的因素除了农耕提供的物资外，还包括人。在实行君主统治的条件下，要把人力调动起来，最重要的就是民众的服从性。在法家看来，商业是一个尔虞我诈的行业，手工业是一个机巧的行业，它们会使从业者变得奸诈善变，热衷于谎言和空话；而农耕则不同，种地的人凭着踏踏实实的劳动吃饭，用不着与他人打交道，所以性格质朴诚恳，老实听话。商鞅这样说：“圣明的人知道治国的要领，故而能够使民众把心思集中在农耕上面。民众专

① 故先王反之于农战。故曰：百人农一人居者，王；十人农一人居者，强；半农半居者，危。故治国者欲民之农也。国不农，则与诸侯争权，不能自持也，则众力不足也。故诸侯挠其弱，乘其衰，土地侵削而不振，则无及已。（《商君书·农战第三》）

心务农，性格就归于朴实而容易管理了。人们不抱团才便于驱使，诚实守信才适于用来参加守城和攻战。民众专心务农，一可以少出奸诈之徒和流民，二可以发挥国家赏罚的作用，三可以提供对外作战的优秀兵源。民众专心务农，有利于加强他们与君主的亲近，培养他们的献身精神，从而更加勤恳地在农田里从早忙到晚。”①

为了确保尽可能多的人从事农耕，为了培育质朴的民风，法家主张抑制农耕之外的产业，也就是商业和手工业。由于经商收益大，手工业劳动强度小，这两个行业时时诱惑着农民放弃土地，加入商人和手艺人的行列中去。从上面的故事我们看到，早在春秋时期，管仲就提出了国家对流通严加管理、限制商业经营范围的政策。到了战国时期，抑商的力度更大。韩非说：“英明君王治理国家的方针是，使工商业者以及游手好闲之辈尽量减少，并且使他们的名声和地位卑微，以改变民众趋向工商业而轻视农耕的本末倒置的现象。”②

总之，农耕是国家强盛的基础。

① 圣人知治国之要，故令民归心于农。归心于农，则民朴而可正也。纷纷则易使也，信可以守战也。壹则少诈而重居，壹则可以赏罚进也，壹则可以外用也。夫民之亲上，死制也，以其旦暮从事于农。（《商君书·农战第三》）

② 夫明王治国之政，使其商工游食之民少而名卑，以寡趣本务而趋末作。（《韩非子·五蠹》）

兵 战

回 放

战国时期，赵国的国君赵武灵王忧心忡忡，对大臣说："中山国像一把刀插在我国腹心部位，北边是燕国，东面是东胡（今内蒙古南部及辽宁一带）、西边靠着林胡、楼烦（今山西北部），与秦国和韩国接壤，但我们的兵力却不强，这样下去会亡国的。要保住自己，只有强兵，可如今我们受服装的限制，难以发展。怎么办?要成就高于世人的功名，一定要抛弃陋俗的拖累，所以我打算改穿胡人的衣裤。"然而大臣权贵们并不支持他。

赵武灵王前往他的叔叔公子成家，说："服装是为了便于穿用，礼法是为了便于行事。如今赵国没有善于骑射的军队守卫，叔父却顺从中国的旧俗，忘记了国家因为军力弱小而被人欺凌的耻辱。"公子成被说服了，第二天穿着胡服出现在朝堂上。赵武灵王发布了改穿服装的命令，并招募士卒训练骑射。

就这样，赵国建立起了自己的骑兵部队，大大提升了赵国的战斗力。一年后，出兵讨伐中山国，夺取了临近的土地；又向西扩展，攻占了胡人大片土地，逼得林胡王求和，进贡了许多马匹。之后，不断向中山国进攻，蚕食它的国土，削弱它的实力，用了十年时间，终于灭掉了中山国。赵国的领土迅速扩大，北边直抵燕国，西北边竟然到达云中和九原。

原文摘要

（赵武灵王）曰："今中山在我腹心，北有燕，东有胡，西有林胡、楼烦、秦、韩之边，而无强兵之救，是亡社稷，奈何？夫有高世之名，必有遗俗之累。吾欲胡服。"……王遂往之公子成家，因自请之，曰："夫服者，所以便用也；礼者，所以便事也……而叔顺中国之俗以逆简、襄之意，恶变服之名而望鄗（hào）事之丑，非寡人之所望也。"公子成再拜稽首……乃赐胡服。明日，服而朝。于是始出胡服令也。

——《史记·赵世家》

简议

赵国属于中原国家，中原人的传统服装是裤、衣、裳，当时还不习惯穿连裆的裤子，所谓裤只是两条裤管，套在腿上，类似现在的套裤。下身的外面穿的是裳，像今天的裙子。那时的人上身着衣，或者穿上下连为一体的深衣，也就是长衫，裳罩在深衣外面。无论是衣还是裳，都很宽大，所谓的宽袍大袖。穿这样的衣服，乘着战车作战还可以，但要是骑马打仗就不灵了，因为裤子没有裆，臀部和大腿的肌肉会因摩擦而受伤。赵国临近胡人地区，那里多为山地丘壑，战车无法施展；胡人以游牧为生，上着短衣，下穿连裆的裤子，骑马非常方便，双方冲突，赵国将士屡屡吃亏。这就是赵武灵王改革服装的直接原因。

正是这个在今天看来算不了什么的决定，使赵国建立起了中原地区第一支骑兵部队，极大地提高了国家实力，在后来的“七国争雄”中，只有赵国军队能够与强大的秦军相抗衡。其实，赵国起初并不强大，国力远不能跟秦、楚、燕、齐、魏这些国家相比。赵武灵王主政初期，外交和军事屡屡受挫，先是被齐国进攻，连将军都当了人家的俘虏；之后又参与“合纵”攻打秦国，兵败而归，被齐国趁虚而入，夺走一片土地；后来秦国又几次打过来，占领了不少地方。不要说这些大国了，就连中等国家中山国都敢欺负它，派兵骚扰，而它唯一的办法就是一再退让。就是这样一个国家，几年后一跃而起，竟然成为一等一的强国，而导致这一转变的关键因素就是军力的提升。从这里我们可以看到兵战在国家走向强盛过程中具有怎样的地位。

对于兵战的这种作用，法家的认识非常清醒。商鞅说：“君主的名声尊贵，拥有广阔的国土，乃至于称王天下，这是因为什么？君主的名声低微，国土日益减少，乃至于最后亡国，这又是因为什么？不过是取决于兵战罢了。不打胜仗而称王天下，不打败仗而国家却灭亡，这样的事从古到今还未曾发生过……圣明的君主看到了先王的功业只能从兵战中获取，所以举全国之力用于兵战。来到一个国家，观察它的治理，能够把力量投入兵战的一定强大。”①

兵战还有一项特殊功能，就是优化制度和清洁民风。商鞅的思路大致是这样的：和平环境下，人们醉心于礼制和欢娱，致使民

---

① 名尊地广，以至王者，何故？名卑地削，以至于亡者，何故？战罢者也。不胜而王，不败而亡者，自古及今未尝有也……圣王见王之致于兵也，故举国而责之于兵。入其国，观其治，兵用者强。（《商君书·画策第十八》）

众性格温和软弱；人们倾慕商人和手工业者，致使人心诡诈多变。而对外征战改变了这些。由于国家把兵战作为基本国策，制度必须为兵战服务，法制便得到了实行；由于民众把心思都用在当兵作战上面，再加上法令要求每个人都必须服兵役，商人和手工业者的数量减少，民风就会变得质朴敦厚。而这样的制度和民众是国家强大所必需的。商鞅说："国家强盛而不去征战，危害国家的毒素就会输入到国内，礼、乐等像虱子一样的危害就会蔓延，国家一定会被削弱。"①

兵战还是培养人才、吸纳人才的有效途径。商鞅认为，它会使胆小鬼变成勇士，会使勇士变成死士，到了这个份儿上，国家想不强大都难；国家强盛了，土地多了，有才能的人和劳动力就会被吸引过来，从而使国家越发强大。

法家强调兵战，并不意味着他们一定就是好战分子，其中也有一份无奈在里面，因为你不打别人，并不能保证别人不来打你；你不走强军之路，国家就发展不起来。商鞅曾这样辩解："以战争制止战争，尽管进行战争也是应该的；以杀人制止杀人，尽管杀了人也是应该的；以刑罚制止刑罚，尽管采取重刑也是应该的。"②

---

① 国强而不战，毒输于内，礼乐虱官生，必削。（《商君书·去强第四》）

② 故以战去战，虽战可也；以杀去杀，虽杀可也；以刑去刑，虽重刑可也。（《商君书·画策第十八》）

思想管制

回放

秦始皇统一天下，召集群臣讨论新王朝实行什么样的思想制度。

丞相李斯说：“如今天下已经平定，法令出于一统，百姓就应该安心于农工生产，士人就应该学习法令刑禁。但那些儒生不遵循当今而要求效法古代，诽谤朝廷，扰乱民心。民间各种学者沆瀣（hàng xiè）一气，一听到发布的政令，就运用自己的学说妄加评论；他们有意见在朝堂上不说，出来后却在街头巷尾议论不休；他们在君主面前夸夸其谈，博取名声，显示高明，暗地里率领追随者造谣中伤。这样的情况不制止，在上有损君主的威势，在下造成臣子结党营私。所以我请求下令把除了有关记录秦国之外的史书通通烧掉。不担任博士官的人，凡藏有《诗经》《尚书》以及百家典籍的，一律交到官府统一烧毁；如果有人胆敢聚众谈论这些书籍的内容，一概当众处死；以历史影射当今的人，诛灭全族；知情不报者，与事主同罪。”

秦始皇点头同意。

李斯想了想，补充道：“有些书可以不烧，主要是有关医药、占卜和种植一类的书。民众如果想要学习法令，应该拜官吏为师。”

秦始皇下达制书说：“可以。”

一年后，替秦始皇寻求仙药的卢生和侯生逃跑了。秦始皇大怒，说：“不久前我把天下无用的书都烧掉了，希望方士求得奇药，花费的钱成千上万，到头来还是没有得到仙药。我派人调查了咸阳的方士和儒生，这些人还在造谣惑众。”

于是秦始皇下令审问那些文人，查出触犯禁令的有460多人，把他们一律活埋。为震慑民众，还布告四方，使天下人都知道这件事。

原文摘要

始皇下其议。丞相李斯曰：“……今天下已定，法令出一，百姓当家责力农工，士则学习法令辟禁。今诸生不师今而学古，以非当世，惑乱黔首……臣请史官非秦记皆烧之……若欲有学法令，以吏为师。”制曰：“可。”

侯生、卢生……乃亡去。始皇闻亡，乃大怒……于是使御史悉案问诸生，诸生传相告引，乃自除犯禁者四百六十余人，皆坑之咸阳，使天下知之，以惩后。

——《史记·秦始皇本纪》

简议

这就是中国历史上著名的“焚书坑儒”，由法家人物李斯一手策划。可以说，这一事件是法家关于思想文化理念的一次最大的、也是极致的实践。

法家坚决反对思想开放。为什么呢？主要理由有两点：一是乱政，一是乱心。乱政主要是对统治者而言的。持各种学说的人你来我去，七嘴八舌，莫衷一是，党同伐异，搞得国君稀里糊涂，官吏昏头胀脑，统治者无所适从（《商君书·农战第三》）。乱心主要是对百姓而言的。那些文人凭着博学多闻、能言善辩，到处散布奇谈怪论、异端邪说，蛊惑人心，扰乱视听，弄得民众无心种田和打仗（《商君书·垦令第二》）；他们中的一些人通过迎合君主获得了尊贵地位，更为民众树立了追求空谈和巧辩的坏榜样。商鞅断言，1000个从事农耕和兵战的人，只要出现一个热衷于《诗》《书》的人，那么这1000人对农战就会松懈（《商君书·农战第三》）。所以法家主张对思想决不能放任自流，必须统一管起来。韩非将上面这些人称为奸人，他说："禁止奸人的方法，最首要的是禁止他们的思想，其次是禁止他们的言论，再次是禁止他们的行为。"①

那么，应该采取哪些措施来管制思想呢？

第一，国家的指导思想要端正。简要地说，就是坚决不采用儒家诗、书、礼、乐、仁义道德那一套（《商君书·去强第四》）。

第二，不允许文人创立自己的学说，不允许他们自由地散布思想言论，不允许他们对国家法令、政策评头品足，不允许他们向君主陈述各家思想。对那些顽固不化的人、锋芒毕露的人一定要坚决打击，决不手软（《商君书·赏刑第十七》）。

第三，不能让文人通过思想获利，包括地位和财富（同上）。

禁止了文人的活动，民众的教育怎么办？法家的办法是由国家全部承担起来，也就是上面故事中李斯所说的"以吏为师"。吏是在职官员，国家的管理者；师是教育者。最初，作为教育机构的学校是由国家举办的，师由退休的官员和民间德高望重的老人担任，

---

① 是故禁奸之法：太上禁其心，其次禁其言，其次禁其事。（《韩非子·说疑》）

到了春秋晚期社会转型时，学术兴起，出现了民众办学，被称为私学，孔子就是其中最著名的代表。这种背景下的学校实际上是学术大本营，是发展和传播思想的平台，是培养团队基本力量的组织形式。在法家看来，民间的思想教育活动是阻碍国家强盛的离心力，因此提出“以吏为师”取而代之。韩非说：“英明君主治理下的国家，不采用古代经典教育民众，而是以法令为教材；不宣扬先王的言论，而是以官吏为民众的教师。”①

商鞅把这叫作“壹教”（《商君书·赏刑第十七》），即“一个教化”，国家只能有一种教育，一种思想。其目标非常明确，也非常简单，就是灌输农战思想，把国民培养成听君主话的好农民和好兵。这种教化应该达到这样的效果：民众对于打仗，就像是恶狼发现了肉似的。战争本来是人所厌恶的东西，现在却爱上了打仗。父亲送儿子去当兵，哥哥送弟弟到前线，妻子送丈夫上战场，都说：“不能得到敌人的首级就不要回家。”还叮嘱道：“千万不要违背法令，否则按照国家规定，你死，我也得死，军中治你的罪，乡里治我的罪。”（《商君书·画策第十八》）这就是“以吏为师”的结果，民众踊跃当兵，而且还懂法，知道必须怎样当兵。

---

① 故明主之国，无书简之文，以法为教；无先王之语，以吏为师。（《韩非子·五蠹》）

集 权

回 放

秦王朝统一天下后，丞相王绾（wǎn）建议，在偏远的地区设立王国，封皇子为王，由他们治理这些蕃国。

秦始皇把这件事下发群臣讨论。大家都赞成王绾的意见，认为这样便于朝廷对整个国家的治理。

唯独李斯不同意，这时他还是主管刑罚和治安的廷尉。李斯说："从前周朝采取的就是这个办法，周武王分封了许多子弟以及同姓的族人为诸侯。但后来随着宗属关系的疏远，诸侯们相互攻击如同仇人，他们之间不断征战杀伐，周天子根本制止不了。如今仰赖陛下的神灵，结束了诸侯纷争局面，使天下获得统一。全国各地都设立了郡县，而对皇子和功臣们，则用国家的赋税收入给予重赏，这样做，国家就容易控制了。使天下没有二心，这才是安定国家的根本方法。我的意见是，设置诸侯不便于治理国家。"

听了李斯的建议，秦始皇说："天下人饱受战乱的痛苦，就是由于诸侯的存在。现在天下刚刚安定，又重新设立诸侯国，这无疑为战争埋下祸根。这种情况下，要实现天下的安宁，不是太难了吗！廷尉的意见是对的。"

于是，将全国划分为36个郡，设置郡守、郡尉、监御史等官职。收缴天下兵器，熔化铸成大钟，又铸造了12个铜人，每个有千石重，放置在宫中。统一法律和度量衡，统一车辆规格，统一书写文字。

原文摘要

廷尉李斯议曰：“周文武所封子弟同姓甚众，然后属疏远，相攻击如仇雠（chóu），诸侯更相诛伐，周天子弗能禁止。今海内赖陛下神灵一统，皆为郡县，诸子功臣以公赋税重赏赐之，甚足易制。天下无异意，则安宁之术也。置诸侯不便。”始皇曰：“天下共苦斗不休，以有侯王。赖宗庙，天下初定，又复立国，是树兵也，而求其宁息，岂不难哉！廷尉议是。”

分天下以为三十六郡……收天下兵……一法度衡石丈尺。车同轨。书同文字。

——《史记·秦始皇本纪》

简议

用今天的眼光看，这场争论属于国家管理方式领域，也就是国家怎样分配中央与地方的权力，怎样实行对地方的控制。王绾主张分封制，李斯主张郡县制，他们的意见实际上代表了中国历史上国家管理方式的两种基本制度。

周朝之前的商代，国家尚不发达，那时的观念是一个宗族就是一个国家，譬如，商族就是商国，周族就是周国。周代则不同，天下一体的理念已经形成，所以周天子把自己的子弟和族人分封出去，让他们建立诸侯国，所谓的“封建亲戚，以蕃屏周”。蕃是茂盛的意思，表示以血亲关系的繁茂来守卫周王室。由于国家管理以血亲为纽带，用礼来维持统治者之间的关系也就在情理之中了。说句题外话，正是这种制度为儒家思想提供了社会根源。郡县制则不同，它切断了血亲纽带，地方政权不再是蕃国，而是中央直接管辖的郡和县一类的政权机构，郡县官员由君主任命和管理，地方长官不得世袭，任免调动完全掌握在君主手里。两种制度相比，分封制在国家管理权上具有分散的性质，而郡县制则具有集中的特征。

郡县制最早出现在春秋时期，这时的周王朝已经风雨飘摇，诸侯国之间的兼并加剧。一些国家如晋国对兼并过来的土地不再进行封邑，而是设立县或郡，直属国君管辖，以增强王权。而在此前，诸侯国内部也采取分封的管理方式，诸侯将连同人口在内的土地封给亲族和功臣，这种土地叫采邑，被封的人叫卿大夫。卿大夫也有自己的臣子，继续对他们进行分封，受封者就叫作士。

赵、魏、韩三家卿大夫瓜分晋国，分别建立国家，标志着战国时代的开始。这三个国家的君主知道分封制对国家统一管理权的威胁，因为他们自己就是这么走过来的，所以全力推行郡县制。其他国家纷纷效仿，其中以秦国的力度最强。商鞅主政期间，秦国一下子就设立了 31 个县。

在法家看来，只有高度统一的王权才能造就强大的国家，所以坚决主张郡县制。韩非说：“事在四方，要在中央。圣人执要，四方来效。”（《韩非子 · 扬权》）意思是说，具体的事情交给地方来做，国家政权掌握在中央手里；圣明的君主紧握大权，地方围绕中央各司其职、各尽其责。

拾得

以上就是法家主张的强国途径。一个掌握全部国家管理权的中央（君主），在严格的思想管制下，全力以赴地发展农耕和兵战。可以说，这是一个相当完善的系统工程，农耕、兵战、思想管制、集权是它的四个构成要素，其中，农耕代表经济，兵战是军事，思想管制是文化教育，集权是政治。经济、军事、思想文化、政治，四者缺一不可，少了哪个都不能把国家打造成强国。譬如，军事跟不上，国家越富饶，越能引起别国的野心，自己也就越发遭人欺辱，最终难逃被宰割的命运。再如，国家权力分散，中央缺乏权威，各方相互掣肘（chè zhǒu），政出多门，军队再多，也抵挡不住敌人的进攻。这四个要素之间又是相辅相成的，每一个要素的发展都受着其他要素的制约。譬如，经济不发达，要建立一支强大的军队绝无可能；没有思想动力，将士不知道为什么打仗，军队也就没有士气。

法家上述主张为历代有为君主所奉行。不仅秦始皇嬴（yíng）政是这样做的，汉武帝刘彻、唐太宗李世民、明太祖朱元璋、清圣祖玄烨（yè）（康熙）也是这样做的。汉武帝的“独尊儒术”实际上就是一种思想管制。这些君主选择的具体形式和实施力度可能有所不同，但本质上没有多少区别。可以说，法家的四要素揭示了封建国家走向强盛的一般规律，这无须多言，已被历史所证实。倒是应该对法家在这一问题的论述中反映出来的思想意识多说几句。

一个思想是教化。所谓教化，就是通过思想教育来感化民众，培育新意识、新风尚。一般以为，教化是儒家强调的事业，法家的重心放在农战上，对教化不感兴趣。其实这是误解，法家非常重视教化，只不过具体内容和做法与儒家不同罢了。儒家的教化完全是道德方面的，以一整套规范、礼制教育民众；而法家的教化主要是政治法令，内容单一、实际，目的非常明确。儒家抬高教化的地位，有时甚至给人一种道德教育比吃饭还重要的感觉。法家的教化则以经济为前提，管仲说："仓廪实则知礼节，衣食足则知荣辱。"（《管子·牧民第一》）韩非也说："那些有关仁政的深奥玄妙言辞，就是智力很高的人都难以理解。如今却用它来教化民众，智力很高的人都弄不懂，更何况老百姓了。连糟糠都吃不饱的人不会去追求精美的饭食，连粗布短衫都穿得破烂不全的人不会去奢望带刺绣的华丽衣服。"①

法家的教化是全方位的，就是说，它不只是思想教育机构的工作，也是经济部门、行政部门，甚至是军事部门的事情。"以吏为师"就是要行政部门的官吏给民众当老师，宣讲国家的政策法令，使民众的思想与国家政治接轨，知道违背法令将会受到怎样的惩罚，立功又会获得哪些奖赏。经济生产也不单单是增加物质财富，同时还是一个铸造从业者性格和品质的过程。法家之所以提出抑制商业和手工业，一个担忧就是这两个产业败坏国民的品性。同样的，当兵

---

① 微妙之言，上智之所难知也。今为众人法，而以上智之所难知，则民无从识之矣。故糟糠不饱者不务粱肉，短褐不完者不待文绣。（《韩非子·五蠹》）

也不光是上阵杀敌，同时也是受教育的过程；军队不仅培养出勇士，也强化着人们的法律觉悟。

再有一个思想是，强国之路完全由国家来主导、操控，确切地说，完全是国家的事情，国家管理、支配一切。军事力量不用说了，绝对不允许存在私人武装，秦始皇甚至连民间的兵器都要收走，更何况军队了。经济也在国家的掌控下，发展什么，抑制什么，生产经营者并没有主动权，由国家说了算。思想文化也是如此，各家学术思想被视为是与国家相对抗的私家活动，必须严加禁止，话语权掌握在国家手中。在这种情况下，民众完全是被动的，他们不过是强国的工具。

那么，民众为什么能够被国家或君主驱使呢？这就要到人性中寻找原因了。

人性恶

RENXING E

要义

人性是自私自利的，表现为两个方面：一个是为了自己，另一个是追求利益。从这样的人性出发，法家提出了一套以利益为轴心的政治对策。

中华优秀传统文化是什么

法家第一课

人性的证明

法家认为，人都是利己的，这是人的本性。
大量事实说明了这一点。

人人为己

父子

回放

楚国的国君楚成王的长子叫商臣，被立为太子，也就是王位继承人。不久，楚成王又改变了主意，想立名字叫职的小儿子为太子。

商臣得到了这个消息，非常着急，首先要搞清楚的是消息是否属实，就找他的师傅潘崇商量。潘崇建议，让商臣宴请楚成王的妹妹，也就是他的姑姑，然后有意怠慢她，听听她怎么说。

商臣依计而行。姑姑被激怒了，狠狠地啐了一口，说："你这个下贱东西，要不大王怎么要废掉你而改立公子职呢！"

商臣赶紧找到潘崇。潘崇问："你能够侍奉公子职吗？"

"不能。"商臣干脆地说。

"你能够老老实实地到公子职给你的封地上去做领主吗？"潘崇又问。

"不能。"商臣肯定地说。

"那么——"潘崇看定眼前的学生问，"你能够发动大事吗？"

"能！"商臣斩钉截铁地说。

于是商臣发动宿卫部队包围了他的父亲楚成王。楚成王走投无路，请求儿子让他吃了熊掌再去死。商臣坚决不答应。楚成王只好自杀了。

原文摘要

楚成王以商臣为太子，既欲置公子职。商臣闻之，未察也，乃为其傅潘崇曰："奈何察之也？"潘崇曰："飨江芈（mǐ）而勿敬也。"太子听之。江芈曰："呼，没夫！宜君王之废女而立职也。"商臣曰："信矣。"潘崇曰："能事之乎？"曰："不能。""能为之诸侯乎？"曰："不能。""能举大事乎？"曰："能。"于是乃起宿营之甲而攻成王。成王请食熊膰（fán）而死，不许，遂自杀。

——《韩非子·内储说下·六微》

简议

这是父子相残的一个著名故事。父亲怀疑儿子，打算另立储君，不想天机泄露，儿子发动突然袭击，把父亲围困在深宫里。父亲向儿子提出一个请求，等他吃了平生最喜欢的熊掌再去死，对这最后的心愿，儿子竟然不给予考虑，非逼迫老父立即去死不可。后人推测，所谓吃熊掌不过是缓兵之计，因为烹饪这种食品要用很长时间，兴许熊掌未烂，救兵就到了。儿子一眼就看穿了父亲的诡计，所以绝不同意。即使事情是这样，也改变不了什么，父子双方的立足点都是自己，个人是第一位的，亲情靠边站。

不要说楚成王这样平庸的君主了，即便是英明的君主也难逃儿子背叛的命运。春秋五霸中功业最显著的一位齐桓公，有五个儿子，垂暮之年的他病卧在床，此时的儿子们不是服侍即将走完一生的父亲，而是因为争夺太子之位大打出手。不是一般的动动手，而是率部火并。齐桓公就这样在惊悸和担忧中死去了。更可怕的是，死后竟然无人收殓，遗体在床上放置了67天，乃至蛆虫都爬到了门外。

儿子弑父的事太多了，而其中又往往有后妃作为帮手，一些臣子也参与进来，如此一来，善终对君主而言竟然近乎一种奢望。韩非引用史书《桃左春秋》的话说："国君因病致死的还不到半数。"（《韩非子·备内》）

伴随父子相残的还有兄弟相残。齐桓公就杀死了他的哥哥。这样的事情在历史上数不胜数，其中最著名的就是唐太宗李世民发动的玄武门之变。当时，他的弟弟李元吉张弓搭箭对准他，但又下不了手，拉了几次弓，半截都放下了。李世民可没有那么多的温情，一箭就把自己的哥哥太子李建成射死了，接着他的部将尉迟敬德又射杀了李元吉。在韩非看来，王位面前是没有兄弟亲情的。（《韩非子·难四》）

例子虽然是君主家的事，但韩非想要说明的是世间的普遍现象，不管是什么样的家庭，贵族也好，平民也罢，大家都是从自己出发看问题的。他说："人还是婴儿的时候，父母对他的抚养不够尽心，他长大了就会埋怨父母；儿子长大成人，对父母的供养不到位，父母就会心生恼怒并且责备他。父子之间乃是骨肉至亲，仍然免不了互相责备和埋怨，都是由于认定了对方必须照顾自己但却没有尽到责任的缘故。"[①]

---

① 人为婴儿也，父母养之简，子长而怨；子盛壮成人，其供养薄，父母怒而诮（qiào）之。子、父，至亲也，而或谯（qiào）或怨者，皆挟相为而不周于为己也。（《韩非子·外储说左上》）

夫妻

回放

春申君是楚国国君楚庄王的弟弟，是楚国的大贵族。他有一个妾，名字叫余，非常得宠。

余对春申君的正妻不满，处心积虑地败坏她。一天，余把自己弄伤，做出一副被夫人虐待的样子，哭着对春申君说："能够成为主人的妾，是我一生中最大的幸运。可如今让我为难的是，服从夫人就不能侍奉您，服从您就不能侍奉夫人，这是我德才不够啊，不能同时让两位主人满意。这样下去，还不如死了呢。与其死在夫人那里，不如在您面前被赐死。"

余抽泣了几声，又说："我死之后，要是有新的宠妾服侍您，请主人一定了解我说的情况，不要被人笑话。"

春申君大怒，抛弃了自己的正妻。

春申君正妻的儿子叫甲。余想害死甲，让自己生的儿子做春申君的继承人。一天，她撕裂了自己贴身衣服的里子，哭着对春申君说："我被您宠爱的时间已经很久了，甲又不是不知道。可他却打我的主意，今天竟然调戏我，我不从，他就强行撕扯我的衣服。儿子眼里没有父亲，超不过这样的事了。"

春申君大怒，杀掉了自己的儿子。

原文摘要

楚庄王之弟春申君有爱妾曰余，春申君之正妻子曰甲。余欲君之弃其妻也，因自伤其身以视君而泣曰：“得为君之妾，甚幸。虽然，适夫人非所以事君也，适君非所以事夫人也。身故不肖，力不足以适二主，其势不俱适，与其死夫人所者，不若赐死君前……”君因信妾余之诈，为弃正妻。余又欲杀甲而以其子为后，因自裂其亲身衣之里，以示君而泣曰：“余之得幸君之日久矣，甲非弗知也，今乃欲强戏余。余与争之，至裂余之衣，而此子之不效，莫大于此矣。”君怒而杀甲也。

——《韩非子·奸劫弑臣》

简议

余是妾，相当于次妻。她的所作所为，完全是从自己出发，或出于嫉妒，或出于地位、财产的原因，极尽挑拨之能事。她心里有自己的丈夫吗？看不出来有。理由很简单，如果真正为丈夫考虑的话，她就不会下如此狠手，挑唆丈夫离弃正妻——要知道在古代社会，贵族的婚姻通常具有政治、利益联盟的性质，离异意味着政治和利益的损失，有时甚至会给家族带来灾难——更不会挑唆丈夫杀掉亲生骨肉。在这里，丈夫被妻子当成了实现自己目的的工具。

与那些国君的后妃、夫人相比，余还算是客气的。在韩非看来，她们中的一些人对丈夫一点情分都不讲，巴不得丈夫早点死掉。为什么会闹到如此地步呢？韩非说，妻子与丈夫本来就没有骨肉亲情，喜欢了就亲密，兴致减退了就疏远。男人 50 岁时对女色仍然保持着兴趣，而女人一过 30 岁，姿色就开始衰败。以衰败的姿色去侍奉好色，必定会遭到轻视和疏远。同时还会连累她所生的儿子，因为君主有许多妻子和儿子，儿子的地位往往取决于母亲是否得宠，母亲漂亮，儿子才被父亲看重，所以后妃、夫人一旦姿色衰败，儿子多半做不成继承人。如果国君年纪轻轻就死掉，那时后妃姿色尚存，还没有遭到冷遇，儿子自然也就受到器重，极有可能被指定继承大位。这就是妻子希望丈夫早死的原因（《韩非子·备内》）。

这里说的是贵族，平民怎么样？在韩非看来，也好不到哪儿去。韩非讲过这样一个故事：卫国有对夫妻向神灵祷告，妻子说："但愿我平安无事，得到一百捆布。"丈夫不满地问："为什么才要这么一点点？"妻子瞪了他一眼，说："如果得到的东西多了，你一定会拿它去买小老婆的。"（《韩非子·内储说下》）双方结成家庭，无疑具有共同利益，但这并不能保证双方一心一意，仍然各自拨弄着自己的小算盘。

这对卫人夫妻的相互戒备还真不是多余的，一旦担心的事情变成现实，后果会很严重。韩非还讲过这样一件事：燕国人李季喜欢远游，他的妻子耐不住寂寞有了相好。一次，李季突然回到家里，妻子正与情人相会。急中生智，情人披头散发光着身子夺门而去。李季惊问："刚才是什么人？"大家一齐摇头，说："哪里有人？"李季疑惑地自问："难道我看见了鬼不成？"妻子说："没错，你的神智就是有毛病了。"李季害怕起来，问："那怎么办？"妻子出了个主意，让丈夫用五种牲畜的尿混合起来洗澡（《韩非子·内储说下·六微》）。

这就是夫妻关系，尽管双方在一起生活，连为一体，但仍然各有各的需要和考虑，各有各的立场和出发点。可以说，个人的东西大于共同的东西。

君臣

回放

齐国的国君齐简公非常宠信一个叫监止的人，并让他执掌国政。这使齐国最有势力的贵族田常很不安，上朝时东张西望，心思都用在察言观色上。

给国君驾车的官员感到不对劲儿，就提醒齐简公说："田氏和监氏不能同时并用，二者必居其一，请您早做决断。"可齐简公根本没听进去。

一次，田氏族人田逆杀人，正好被监止碰上，下令把他当罪犯逮捕起来关进监狱。田氏一族很是抱团，给田逆传话叫他装病，然后族人前往探视，趁机灌醉狱卒，救出田逆。监止打算与田氏缓和关系，借机到田氏族长家去拜见诸田，与他们盟誓讲和。监止还请田氏中一个叫田豹的人做自己的家臣，私下里对他说，想让他来当田氏的族长。

田豹把这件事报告给了田常。田逆在一旁怂恿说："国君很信任监止，要是我们不先动手，必定被害。"于是，田常兄弟乘坐四辆车子前往王宫，杀死守卫，占领了宫室。齐简公转移到寝宫。监止逃回家里，召集部属攻打王宫，没有打下来，只好撤退。田氏紧追不舍，把他杀掉了。接着，田常又逮住了齐简公，把他也杀掉了。

田常另立新君，终于独揽国政，并获得大片土地。80年后，赵、魏、韩三家卿大夫瓜分了晋国，被周天子封为诸侯国。100年后，田氏把齐国的国君齐康公赶到海边；又过了不到20年，周天子批准时任齐国相国的田和为诸侯。齐康公没有儿子，他死后，土地都归了田氏。

齐国的开国君主叫吕尚，也就是人们常说的姜太公，由于他的祖先曾被封在吕地，所以又姓吕。就这样，本来是吕姓的齐国变成了田姓的齐国。

原文摘要

监止有宠焉。及即位，使为政。田成子惮（dàn）之，骤顾于朝。御鞅言简公曰："田、监不可并也，君其择焉。"弗听……成子兄弟四乘如公……子我归，使徒攻闱与大门，皆弗胜，乃出。田氏追之，丰丘人执子我以告，杀之郭关……田常弑简公于徐州。田常乃立简公弟骜（ào），是为平公。平公即位，田常相之，专齐之政，割齐安平以东为田氏封邑。

……康公卒，吕氏遂绝其祀。田氏卒有齐国。

——《史记·齐太公世家》

简议

三家分晋和田氏代吕，是两次具有划时代意义的大事件，它们把中国社会由春秋时期推进到战国时期。这两次事件的共同特点是臣子取代国君，从而改变了政治格局，这是从大的方面说。从君臣关系看，它们集中反映了双方的对立，正如我们在本文中看到的那样，国君有国君的想法，臣子有臣子的盘算，这时候就看谁的力量大了，田常的实力超过了齐简公，就会出现臣子杀掉君主，最后发展到夺取国家权力的事情。

对此，韩非曾引用谚语：“厉怜王。”厉是癞痢头，一说是麻风病人；王指的是遭劫杀而死亡的君主。意思是，就连遭人嫌弃的癞痢头也可怜那些君主。为什么呢？韩非根据《春秋》的记载，列举了几位君主的遭遇：楚国有位叫围的贵族，担任令尹（相国），他出访郑国，还没走出国境，听说楚王病了，便立即返回，趁着进屋探病，用自己帽子上的绳带勒死了楚王，然后自己登上王位，是为楚灵王。齐国有位叫崔杼（zhù）的权臣，他的妻子与国君齐庄公关系暧昧，趁着国君到他家时，埋伏的武士发动袭击，国君翻墙逃跑，被箭射中大腿，武士一拥而上，砍死了国君。赵国有位叫李兑的重臣，把赵武灵王围困在王宫里，不给他饭吃，饿得他只好掏幼雀充饥，三个月后被活活饿死。齐国有位叫卓齿的相国，抽掉了国君齐湣（mǐn）王的筋，将他吊在庙里的大梁上，齐湣王熬了一夜就死了。韩非说，癞痢头再倒霉，遭遇也比这些君主强，至少没有被人用绳子勒脖颈、用箭射大腿、不给饭吃活活饿死、抽掉筋吊在房梁上；不至于像这些君主那样饱受心灵和肉体的双重煎熬。所以他们有资格怜悯那些君主（《韩非子·奸劫弑臣》）。

那么，君主对臣子如何呢？韩非讲过这样一件事：卫国国君卫灵公非常宠爱一个叫弥子瑕（xiá）的人。一次，弥子瑕的母亲病了，他假传国君的命令，驾车出宫。按照卫国的法律，私自驾驭国君车子的人处以砍掉脚的刑罚。卫灵公听说了这件事，说：“弥子瑕真是孝顺呀！为了母亲竟然忘了砍脚的刑罚。”又有一次，弥子瑕随国君到果园游玩，他吃一个桃子，味道很好，就把吃了一半的桃子给国君吃。国君说：“弥子瑕真是爱我呀！忘记了自己喜欢的美味而把它让给我。”随着弥子瑕容颜消退，国君对他的宠爱也减弱了，后来他得罪了国君。这时，国君想起了以前的事，恨恨不已，说：“这个家伙原来就伪造我的命令驾我的车，还把吃剩的桃子给我吃。”（《韩非子·说难》）这就告诉人们，国君对待臣子，完全是以自己的需要为转移的。

这就是君臣之间，谁也不会为对方着想，双方都是站在自己的角度处理与对方的关系。

其他

回放

楚王的妻子叫郑袖。魏国的君主送给楚王一个美女，深得楚王喜爱。郑袖也装着喜欢这位美女，看上去还超过了楚王，不管是华丽的衣裙还是珍奇的玩物，只要发现新人喜欢，一定挑选给她送去。楚王很是感动，说：“夫人知道我的心思，对美人的爱比我更深，这是孝顺的儿女供养双亲、忠诚的臣子侍奉君主的美德啊！”

郑袖看到楚王相信自己丝毫没有嫉妒心，就对美人说：“大王非常喜爱你，但美中不足的是不大满意你的鼻子。所以往后你见到大王时，要时常掩住鼻子，这样就可以长久得到宠爱了。”

于是美人每次见到楚王，都要掩住鼻子。楚王心里奇怪，就问郑袖怎么回事。郑袖推说“不知道”。楚王见她吞吞吐吐的，越发怀疑，再三追问，郑袖才说：“前些日子，我听她说过，好像是讨厌大王身上的气味。”

楚王勃然大怒，说：“割掉她的鼻子！”

侍从立即捉住美人，一刀就割下了她的鼻子。郑袖早就私下叮嘱过楚王的侍从：“要是大王发了话，一定要遵从他的命令。”

原文摘要

魏王遗荆王美人，荆王甚悦之。夫人郑袖知王悦爱之也，亦悦爱之……夫人知王之不以己为妒也，因为新人曰：“王甚悦爱子，然恶子之鼻，子见王，常掩鼻，则王长幸子矣。”于是新人从之，每见王，常掩鼻。王谓夫人曰：“新人见寡人常掩鼻，何也？”对曰：“不知也。”王强问之，对曰：“顷尝言恶王臭。”王怒曰：“劓（yì）之！”夫人先诫御者曰：“王适有言，必可从命。”御者因揄刀而劓美人。

——《韩非子·内储说下·六微》

简议

这是一件发生在后宫的事。夫人郑袖见楚王有了新欢，担忧自己被冷落，她知道来硬的肯定不行，因为这样做只能激怒楚王，等于自取灭亡，所以也做出一副喜爱新人的样子，不是嘴上说一说，而是落在实处，是下了大本钱的。楚王终于被感动了，认为她具有美好的德行。尽管嫉妒是女人最常见的心理，但在中国古代，夫人嫉妒侍妾却是社会最不能容忍的一种行为，因为它是对夫权的挑战，有碍于传宗接代。所以女人没有嫉妒心，可以跟忠臣孝子相比，郑袖完全赢得了楚王的信任。接着，郑袖便告诉新人，楚王不喜欢她的鼻子，建议她以后见到楚王一定要掩住鼻子。新人还真的听从了。之所以有这样的效果，一是郑袖的假关心发挥了作用，大家都真心地信任夫人；另一个是新人本身的，她打心眼里希望能够长期得宠，楚王一辈子喜爱自己才好呢。于是新人上了当，被割去了鼻子。

这是后妃之间。还有一种关系比较特殊，那就是师生关系。商鞅讲过一件事：齐国有一个人叫东郭敞，非常有钱，他有一个弟子很穷，请求他救济一点儿钱。他断然拒绝了，说："我的钱有大用途，我打算用它换取一个爵位。"这个弟子很恼火，离开他到宋国去了（《商君书·徕民第十五》）。

上面这两个故事，一个发生在后宫，一个发生在社会。其实后宫也是社会，那里的故事折射着人生百态。这两个故事告诉人们，不管是什么关系，人们从自己出发乃是通行的社会原则。

总之，在法家看来，无论是在最亲近的父子关系中、最亲密的夫妻关系中、最重要的君臣关系中（以上三种关系即是儒家所谓的"三纲"，韩非也持类似见解，见《韩非子·忠孝》），还是在一般的社会关系中，从根本上看，人们都不会从对方的角度想问题、做决定，每个人都是站在自己的立场上的，是为了自己的。

那么，人们之间争来斗去，为的是什么呢？

人人求利

利益决定关系

回放

晋国的国君晋献公打算讨伐虢（guó）国，但中间隔着虞（yú）国，必须借路才行。

大夫荀息建议："您可以用垂棘的美玉和屈产的良马贿赂虞国的国君虞公，他肯定会答应借路的。"垂棘和屈产都是晋国的地名，那里出产的玉和马十分有名。

晋献公有点舍不得，说："垂棘之玉是先君的宝物，屈产之马是我使用的骏马，要是虞公收了我们的礼物却不借路，那可怎么办？"

荀息说："如果虞公不想把路借给我们，一定不敢接受我们的礼物；只要接受礼物，一定借路。请国君放心，美玉送给他，就像是把宝物从宫内的仓库里拿出来放到宫外的仓库中；良马送给他，就像是把马儿从宫内的马厩里牵出来拴在宫外的马厩中，不会有什么闪失的。"

晋献公同意了，派荀息去办理。虞公贪图美玉和良马，打算把路借给晋国。大夫宫之奇说："不可。虞国旁边有虢国，就好像车厢两旁有夹木一样，夹木依靠车厢，车厢也依靠夹木，谁也离不开谁。如果别人通过我们的路去攻打虢国，那么虢国早晨灭亡，虞国跟着晚上也就灭亡了。所以请您万万不能答应晋国。”

虞公的心思都在美玉和良马上面，根本听不进去，把路借给了晋国。荀息带兵占领了虢国，三年后，举兵讨伐虞国，没费什么劲儿就攻占了这个国家。荀息牵着良马捧着美玉回来见晋献公。晋献公高兴地抚摸着玉说：“还是老样子，跟以前一模一样。”又拍了拍马说：“也没怎么变，就是长了几岁。”

原文摘要

晋献公欲借道于虞以伐虢。荀息曰：“君其以垂棘之璧与屈产之乘，赂虞公，求假道焉，必假我道。”君曰：“……若受吾币不假之道，将乃何？”荀息曰：“彼不假我道，必不敢受我币。若受我币而假我道，则是宝犹取之内府而藏之外府也，马犹取之内厩而著之外厩也。君勿忧！”君曰：“诺。”……虞公贪利其璧与马而欲许之。宫之奇谏曰：“不可许。夫虞之有虢也，如车之有辅。辅依车，车亦依辅，虞、虢之势正是也。若假之道，则虢朝亡而虞夕从矣。不可，愿勿许。”虞公弗听，遂假之道。荀息伐虢克之，还反处三年，兴兵伐虞，又克之。荀息牵马操璧而报献公，献公说曰：“璧则犹是也。虽然，马齿亦益长矣。”

——《韩非子·十过》

简议

韩非在另一处还引用过这个故事，不过说法有所不同。宫之奇这样劝说虞公：“嘴唇没有了，门牙受寒。虞国与虢国相互救援是为了各自的生存，并不是给对方实施恩惠。今天晋国灭了虢国，明天虞国就会随之灭亡。”虞公不听，借路给晋国。晋军攻占了虢国，回军途中顺手就把虞国灭掉了（《韩非子·喻老》）。说法不同，意思是一样的，都是因小利而失大利。

宫之奇说得很清楚，虞国与虢国之间，一方有难，另一方出手援助，并不是为了实施恩惠，而是为了自己的生存。因为形势很明朗，在各诸侯国相互兼并的情况下，像虞国、虢国这样的弱小国家要想生存下来，就必须互相支援。生存乃是国家首要的、最大的利益，虞国与虢国唇齿相依的关系是以利益为基础的。宫之奇反对借路给晋国，不是出于善心同情虢国，更谈不上出于道德伸张正义，完全是为了本国着想。可惜他遇上了一位目光短浅的君主。虞公被美玉和良马所迷惑，眼前的利益打动了他，忘记了国家的根本利益，从而做出了致命的错误决定，把路借给了敌人，任由它去消灭自己的朋友。晋献公则正好相反，牺牲小利而换取大利，最后连小利一起收了回来。这就是蠢人和聪明人的区别。他们的愚蠢和聪明表现在对利益的处理上。这就是说，在从自身利益出发这一点上，二者是没有区别的，正如蠢人和聪明人都是人一样。

这个故事告诉人们，利益是国家关系、人与人之间关系的核心。晋献公与虞公之间是利益关系，前者的眼睛盯上的是虢国和虞国的土地，后者看中的是晋国的美玉和良马；虞国与虢国之间也是利益关系，唇亡齿寒。

利益支配人

回放

中行氏是晋国执政的六家卿大夫之一。这个家族有位主要成员叫中行文子，在政治斗争中失败，出逃邻近的齐国。

逃亡途中，经过一个县。随从建议道："这个县的长官是您的老相识了，为什么不到他家里歇歇脚呢？也可以顺便等一下后面的车马。"

中行文子摇了摇头，说："过去我喜欢音乐，这个人就给我送来一张音色很美的琴；我喜爱佩玉，这个人就送给我一个玉环，他是助长我犯错误的人。从前，他用我所爱好的东西来讨好我，现在我怕他用我去讨好别人。"说完，立即离开了这个地方。

中行文子的担心不是多余的。他的这位老相识果然扣押了后面赶来的两乘车马，并献给了他的主子。

原文摘要

晋中行文子出亡，过于县邑。从者曰："此啬夫，公之故人。公奚不休舍，且待后车？"文子曰："吾尝好音，此人遗我鸣琴；吾好珮，此人遗我玉环：是振我过者也。以求容于我者，吾恐其以我求容于人也。"乃去之。果收文子后车二乘而献之其君矣。

——《韩非子·说林下》

简议

中行文子是个知人的人，非常清楚他的那位老相识的为人：后者的一切行动都是围绕利益旋转的。当自己得势时，那个人投其所好，目的无非是为了得到更多好处；现在自己倒霉了，对他来说唯一有价值的就是自己这个人，为了获得利益，他肯定会出卖自己。

其实在法家看来，不光这个人的所作所为是为了利益，别的人也一样，只不过具体表现形式不同罢了。譬如，我们也可以设想，有人帮助中行文子逃跑，这种做法尽管与出卖截然相反，但一定有利益方面的原因，也许是想留条后路，以待中行氏东山再起；或者是跟中行氏的对手有仇，借此制造一些麻烦。总之，每个人行为的背后，都可以找到利益因素。韩非说："主人雇佣工人播种耕耘，用家里的好东西准备美食，挑选布匹换成钱币付给雇工，并不是喜爱他们，在主人看来，这样做了，田地会犁得深，杂草会锄得干净。雇工卖力干活，勤快地耕地锄草，运用技巧整理田畦地埂，并不是喜爱主人，在雇工看来，这样做了，供给的饭菜会精美，钱币容易拿到手。主人像关心儿子那样养护雇工的体力，雇工一心把活计做好，其实都有着自己的盘算。"① 商鞅讲得更明确，他说："民众

---

① 夫卖庸而播耕者，主人费家而美食，调布而求易钱者，非爱庸客也，曰：如是，耕者且深，耨（nòu）者熟耘也。庸客致力而疾耘耕者，尽巧而正畦陌者，非爱主人也，曰：如是，羹且美，钱布且易云也。此其养功力，有父子之泽矣，而心调于用者，皆挟自为心也。（《韩非子·外储说左上》）

趋利而行，就像水往低处流一样，是根本没有选择的。”[1]

由于每个人的行为都受着利益驱动，以利益为根据进行判断就成为一种有效的方法。这种方法可称之为利益推断法，《韩非子》一书中收集了不少这方面的成功案例。其中一例是：昭奚恤在楚国执政，有人放火烧掉了粮仓、草料库和地窖，但不知道作案者是谁。昭奚恤下令逮捕了贩卖茅草的人，一审问，果然是这家伙干的。又一例是：韩国的国君韩昭侯洗澡，水里面有小石子。韩昭侯问：“主管沐浴的官员如果被免职，有人接替他吗？”回答说：“有。”韩昭侯吩咐：“召这人进来。”那人来了后，韩昭侯责问：“你为什么把石子放到洗澡水里？”那人说：“如果沐浴官被免职，我就可以接替他，所以我在水里放入石子。”（《韩非子·内储说下·六微》）韩非这样总结：“一件事情发生，如果有什么好处，一定是能够从中得到利益的人主持干的；如果有什么害处，一定要从反面去进行思考。”[2] 上面两个案例，第一个是正面思考，从放火中得到利益的是贩卖茅草的商人；第二个是反面思考，沐浴官遭陷害，作案的一定是跟他利益相反的人。

---

① 民之于利也，若水于下也。四旁无择也。（《商君书·君臣第二十三》）

② 事起而有所利，其尸主之；有所害，必反察之。（《韩非子·内储说下·六微》）

相互利用

回放

管仲和鲍叔牙一起商量，说：“现在的国君齐襄公太昏庸了，肯定会失去国家的。齐国的各位公子中，可以辅佐的只有两位：公子纠和公子小白。我们两人每人侍奉一位公子，先得志的人提携另一个人。”就这样，管仲追随公子纠，逃亡到莒（jǔ）国；鲍叔牙追随公子小白，逃亡到鲁国。

后来齐国果然发生内乱，齐襄公被杀。新立的齐君又被杀。公子小白抢先回到齐国，当上了国君，是为齐桓公。鲁国囚禁了管仲并把他献给齐桓公。

在鲍叔牙的极力推荐下，齐桓公任用管仲为相国。所以谚语说：“巫咸虽然善于祈祷，但是不能消除自己的灾难；秦医虽然善于治病，但不能去除自己的病痛。”管仲这样有本事的人还必须依靠鲍叔牙的帮助，更何况其他人呢？这就是民谚说的“奴隶自己卖皮衣却卖不出去，士人自夸能言善辩却无人相信”吧。

原文摘要

管仲、鲍叔相谓曰：“君乱甚矣，必失国。齐国之诸公子其可辅者，非公子纠，则小白也。与子人事一人焉，先达者相收。”管仲乃从公子纠，鲍叔从小白。国人果弑君。小白先入为君，鲁人拘管仲而效之，鲍叔言而相之。故谚曰：“巫咸虽善祝，不能自祓（fú）也；秦医虽善除，不能自弹也。”以管仲之圣而待鲍叔之助，此鄙谚所谓“虏自卖裘而不售，士自誉辩而不信”者也。

——《韩非子·说林下》

简议

管仲和鲍叔牙是中国历史上一对最有名的朋友，两人的相知相助历来为人们奉为友情的典范。管仲最初很穷，鲍叔牙跟他合伙做生意，分钱时他拿得多，鲍叔牙不认为他贪心，而认为他需要钱。管仲协助鲍叔牙办事，净帮倒忙，鲍叔牙不认为他愚蠢，而认为机会不好。管仲几次做官都遭到罢免，鲍叔牙不认为他没有能力，而认为条件不具备。管仲在战场上三番五次地逃跑，鲍叔牙不认为他胆小，而认为他有老母亲需要照顾。管仲辅佐的公子纠失败后，别的追随者以自杀表示气节，而管仲却选择被囚禁，做最后的等待，鲍叔牙不认为他无耻，而认为他胸怀大志。相知到这个分儿上，可以说到头了，要不管仲怎么说“生我者父母，知我者鲍子也”呢（《史记·管晏列传》）。

二人的相助更是令人感动。齐国的君位空了出来，有继承权的公子纠与公子小白分别从莒国和鲁国往齐国赶，捷足者先登。鲍叔牙和管仲各为其主，全力以赴。在鲁国的帮助下，管仲率兵埋伏在公子小白回国的路上，放箭射杀小白，箭中小白腰带上的钩子，小白装死，骗过管仲。公子纠以为大局已定，一路摆谱，鲁国与齐国紧挨着，公子纠和管仲却足足走了六天，等到了地点，小白已经登上君位了，是为齐桓公。没有办法，公子纠一行只好重返鲁国。齐桓公恨得牙痒痒的，兵发鲁国。鲁人害怕，杀了公子纠，管仲请求做囚徒被遣送回国。他心里有底，知道鲍叔牙不会袖手旁观。他的希望没有落空，鲍叔牙问齐桓公，您是想做一国之君呢还是想称霸天下？齐桓公胸怀大志，自然选择后者。鲍叔牙说，那好，要是做一国之君，有我和别人的辅佐就足够了，要是称霸天下，非有管仲的辅佐不可。就这样，管仲当上了齐国的相国，成就了齐桓公的霸业，而鲍叔牙则心甘情愿地在管仲手下做事。

但韩非提供给人们的却是另外一种说法。在他那个版本里，不能说没有朋友之间的相知相助，但道德的色彩完全被抹掉了，管鲍之交纯粹成了一场利益交换。管仲和鲍叔牙为了利益而走到一起，共同策划，好像是合伙做生意；为了利益而分工，两人各追随一个主子，约定互相提携，就像是进行一场加了保险的赌博；由于有了前面的，就连鲍叔牙力荐管仲为相，也令人有理由相信，鲍叔牙不是为了国家也不是为了君主，而是为了使自己在今后的政治斗争中增添强有力的帮手，以争取更大更长久的利益。

从这里也可以看出法家与儒家的区别，儒家注重的是道德，所以在管鲍之交中极力渲染道义的色彩，引导人们如何做人；法家注重的是利益，所以在管鲍之交中极力夸大利益的成分，告诉人们生活的真相就是相互利用。

拾得

本节分两个问题，一是人人为己，二是人人求利。第一个问题讲的是人的本能，也就是人的天性或者说自然性；第二个问题讲的是利益，也就是人的后天性或者说社会性。之所以这样分，根据是商鞅的一句话："人的本性是：饥饿了就去寻求食物，劳累了就要求歇息，痛苦了就追求欢乐，屈辱了就企求荣誉，这乃是人之常情。然而，人在追求利益的时候，可以不顾礼法的规定；人在追求名声的时候，可以违反人情的常态。"① 显然，商鞅是把人的天性与利益分开谈的。

商鞅的这句话有很深的思想含义。

首先，是关于人的天性的认识。人的天性是什么？是饿了吃、累了睡一类的欲望和行为。韩非也说："人身上没有长野兽的皮毛和飞禽的羽毛，不穿衣服就不能抵御寒冷；人上不连着天，下不扎根于地，因此以食物为生存的根本，不吃饭就不能存活，所以免不了产生追求物质的心思。"② 管仲说："民之情莫不欲生而恶死。"（《管子·形势解》）这些都是从自然方面讲人性，可以说，人的天性就是人的动物性。

---

① 民之性：饥而求食，劳而求佚，苦则索乐，辱则求荣，此民之情也。民之求利，失礼之法；求名，失性之常。（《商君书·算地第六》）

② 人无毛羽，不衣则不犯寒；上不属天而下不著地，以肠胃为根本，不食则不能活；是以不免于欲利之心。（《韩非子·解老》）

为什么说这些东西是天性？因为它们是与生俱来的，不用学习就会。从天性上看，人就是为己的，饿了吃、累了睡纯粹是个体行为；自然生命在满足自己需要的时候是不会去考虑同类的。譬如，非洲大草原上的狮群，捕捉猎物是由数头狮子协作完成的，但在享用食品时，雄狮一定把雌狮和幼狮也就是它的妻和子赶到一边，独自享用，直到它吃饱了走到树荫下睡大觉，别的狮子才一哄而上争抢残羹剩饭。

其次，是关于利益的认识。利益与人的天性并不一致。人为了获得利益，宁可践踏礼制，触犯刑律，将个人安危乃至生命都抛在一边，这与人的欲生恶死的本能是完全相反的；人为了获得名誉，劳心劳神，不吃不睡，按照道德规范克制自己的欲望，这与人的好逸恶劳的本性是截然不同的。从这里也可以看出利益的力量有多大，它使人背离自己的本性。然而，利益与人的天性又相一致。人之所以追求包括名声在内的利益，是为了满足自己的天然欲望，利益可以使人活得更好、更舒适、更安逸、更有尊严。

利益是什么？它与单纯的自然物不同，草木等自然状态下的物质是上天赐予的，而利益则打上了社会的烙印，土地、房屋、金钱、权力，等等，无一不是人们活动的产物。自然状态下的物质也不存在所属问题，而利益一定涉及所有权，所有权就是社会关系。古人常常举这样一个例子说明问题：一只野兔突然跑到了市场上，人们立即蜂拥而上，围追堵截，为什么大家都去争抢？因为这只兔子没有名分，是无主之物，所有权没有定下来，如果它属于某个人所有，人们就不会去这么做了。这表明，利益是社会性的东西，反映着人们之间的关系，所以人对利益的追求体现的是人的社会性。

将以上两个方面综合起来，就是完整的人性。在法家那里，人性被理解为自然性与社会性的对立统一，其具体内容就是自私自利，它是人在为己的前提下追求利益的产物。由此法家也就与儒家、道家区别开来。在人性问题上，儒家强调社会性，用人的社会性克制人的自然性；道家突出自然性，以人的自然性对抗人的社会性；而法家则将自然性与社会性综合起来，在理论形态上似乎更加合理。

将人性概括为自私自利，也就是所谓的人性恶。法家自己并没有讲人性是恶的——在他们看来，人性就是这个样子，无所谓恶不恶——人性恶是别人的说法，因为儒家认为人性是善的，由仁义一类的道德内容所构成，法家所谓的自私自利具有反道德的性质，自然就被称为人性恶。

在人性问题上，西方政治学家马基雅维里的观点与法家差不多。他在谈到君主以恩惠（道德）作为维系与臣民关系的纽带时说："由于人性是恶劣的，只要对自己有利，在任何时候，人们便会利落地剪断这条纽带。"（马基雅维里 《君主论·第十七章》）为什么说人性恶劣？"因为对于人类，一般地可以这样说：他们是忘恩负义、容易变心的，是伪装者、冒牌货，是逃避危难、追逐利益的。"（同上）

自私自利并不一定就是坏事，历史发展往往是以这样的"恶"为杠杆的。200 多年前，一个叫亚当·斯密（1723 ~ 1790）的英国人说了这样一句话："我们每天所需要的食料和饮料，不是出自屠户、酿酒家或烙面师的恩惠，而是出于他们自利的打算。"（《国富论》上卷，商务印书馆 1981 年版，第 14 页）这个思想今天看来平淡无奇，但却把当时一只脚已经跨入工业文明的英国彻底推进了新时代，为建立现代经济秩序奠定了基石，从而引领了人类的巨大飞跃。后人把这个思想的提出与牛顿的科学发现、瓦特的蒸汽机发明相互并列，作为那个时代最伟大的变革事件。正是科学、技术、思想，给社会机体注入了魔力，使英伦三岛迅速成长为世界头号巨人。

从亚当·斯密的时代再往上推 2000 年，韩非也清楚地表达了这个思想，而且在叙述方式上惊人的相似。他说："医生时常吸吮病人的脓血，不是有什么骨肉亲情在里面，而是由于利益驱动。所以造车人做出了车，就盼着别人富贵；匠人打制好棺材，恨不得别人早点死掉。不是造车人善良而匠人恶毒，因为人如果不富起来，车子就卖不出去；人要是不死掉，棺材不知道卖给谁。匠人的本心并不是憎恨人，而是利益系于人的死亡。"[①] 法家思想最直接的实践成果，就是促成了战国末期秦国的无比强盛，加速了战国纷争局面的终结和大一统王朝时代的到来。

---

① 医善吮人之伤，含人之血，非骨肉之亲也，利所加也。故舆人成舆，则欲人之富贵；匠人成棺，则欲人之夭死也。非舆人仁，而匠人贼也。人不贵，则舆不售；人不死，则棺不买。情非憎人也，利在人之死也。（《韩非子·备内》）

人性的利用

法家研究人性，
有着鲜明的实用目的，
就是为治理国家提供依据。
那么，法家是怎样以人性为依据确定治国方针的呢？

诱之以利

回放

春秋末期，晋国由六家卿大夫当家，他们分别是智氏、赵氏、韩氏、魏氏、中行氏和范氏。智氏的智伯瑶率领赵、魏、韩三家灭掉了中行氏和范氏，晋国终于安定了几年。但智伯瑶不甘寂寞，凭着自己强大的实力，派人向韩氏索要土地。

韩氏主政的韩康子当然不愿意平白无故地把自己的土地给别人。家臣段规劝道："智伯瑶贪婪傲慢并且刚愎自用，不答应他的要求，他会出兵攻打我们。您给他土地，他尝到了甜头，就会向其他几家索要土地。如果有人不答应，他一定率兵征讨，那时我们就可以静观事态的发展而采取对韩氏最有利的措施。"

韩康子听从了段规的意见，送给智氏一个拥有万户人口的县。果然，智伯瑶又向魏氏索要土地。魏宣子也不想给。家臣赵葭（jiā）说："智氏向韩氏索要土地，韩氏答应了。如果我们不答应，就是向智氏示威，一定会激怒智伯瑶，他肯定跟我们动武。不如把土地给他。"魏宣子同意了，也送给智氏一个拥有万户人口的县。

智伯瑶得手后，又向赵氏索要土地，而且点名要蔡和皋狼这两个地方。赵氏当家人赵襄子不答应。智伯瑶便邀请韩、魏两家一起讨伐赵襄子，商定平分赵氏土地。赵襄子退守晋阳城，凭着民众的支持，苦苦支撑了三年。然后与韩、魏两家联络，用唇亡齿寒的道理说服了他们，三家里应外合，大败智氏军队，活捉了智伯瑶。之后，赵、魏、韩三家瓜分了智氏的土地，奠定了三家分晋的格局。

原文摘要

（智伯瑶）令人请地于韩。韩康子欲勿与，段规谏曰："不可不与也。夫知伯之为人也，好利而骜愎。彼来请地而弗与，则移兵于韩必矣。君其与之。与之，彼狃（niǔ），又将请地他国。他国且有不听，不听，则知伯必加之兵。如是，韩可以免于患而待其事之变。"康子曰："诺。"因令使者致万家之县一于知伯。知伯说，又令人请地于魏……知伯又令人之赵请蔡、皋狼之地，赵襄子弗与。知伯因阴约韩、魏将以伐赵……张孟谈见韩、魏之君曰："臣闻唇亡齿寒……"……大败知伯之军而擒知伯。知伯身死军破，国分为三，为天下笑。

——《韩非子·解老》

简议

韩、魏两家利用智伯瑶的贪婪，给他土地，从而扩张他的野心，使他四处树敌；赵氏与韩、魏建立起反抗智氏的联盟，除了唇齿相依的关系外，瓜分智氏土地的实际利益也起着重要作用，这都是诱之以利的成功案例。

其实，这个法子智氏也用过。晋国旁边有个国家叫仇由，智伯瑶想攻打它，然而道路险阻，战车无法通行。他铸造了一口钟送给仇由国的国君。国君非常高兴，因为这口钟非常大，用去了很多金属。为了把钟运回来，他派人整修道路。路修好了，晋国的大军乘着战车跟在钟的后面来了，仇由国灭亡了（《韩非子·说林下》）。

诱之以利不只是对付敌人的一个策略，更是处理国政的一个不变方针。韩非曾总结出治理国家的三条原则，即“利”“威”“名”，利是利益，威是威势，名是名分。韩非指出，利益是用来收拢民众的。他还说，除了这三条，虽然还有其他办法，但都解决不了紧要问题（《韩非子·诡使》）。治国三原则中，利益排在第一位，是首要原则。

为什么把利益放在首位呢？因为它与自私自利的人性直接吻合，对老百姓最为有效。商鞅这样说：“使民众最辛苦的事，莫过于耕作；使民众最危险的事，莫过于战争。这两种事情，就连孝子为了他的父亲、忠臣为了他的君主都是很难去做。如今国君要想驱使他的民众去做孝子、忠臣都做不到的事情，只有加之以刑、诱之以利不可。”[①] 商鞅认为，民众之所以在战场上舍命拼杀，就是为了立功受奖，所以君主只要悬赏足以使人荣耀的官爵和足够食用的俸禄，就能够获得最勇敢的战士；民众之所以不离开土地，就是为了收获粮食以生存，所以君主只要保证劳作的收获足以养活一家人，就能够获得最勤劳的农人（《商君书·君臣第二十三》）。

由于利益具有如此大的吸引力，它常常成为解决棘手问题的灵丹妙药。秦孝公时，秦国通过兼并，国土已经扩张到方圆 5000 里，但耕种的田地还不到十分之二。为什么大量的土地闲置？因为缺少

---

① 使民之所苦者，无耕；危者，无战。二者，孝子难以为其亲，忠臣难以为其君。今欲驱其众民，与之孝子忠臣之所难，臣以为非劫以刑而驱以赏莫可。（《商君书·慎法第二十五》）

农民。秦国是一个战争国家，而战争是要死人的，农民上了战场，许多人没有回来，种地的劳力自然不足。怎么办？商鞅看上了临近的韩、魏、赵三国。这三个国家是秦国的掠夺对象，土地被占去不少，但民众却逃离了，形成了地少人多的局面。失去了土地的人只好以小买卖和做工糊口，他们最大的愿望就是拥有自己的田地和住宅。据此，商鞅向秦孝公建议，凡是归附秦国的人，一概免除三代人的徭役赋税，可以不当兵打仗；开垦山地丘陵以及洼地，十年内不交田税。这个政策是相当优惠的，来归附的人既可以得到自己想要的田地和住宅，又可以免除不愿意承受的沉重负担和战争（《商君书·徕民第十五》）。这样的利益足以让任何一个农民动心。果然，召令发布后，一批一批的民众来到秦国，这些人的劳作为国家提供了大量的粮食和物资。

这也从一个侧面说明，法家主张的耕战，或者说国家通过耕战走向强大的实践，是由利益来铺平道路的。

分而治之

回放

齐桓公打算重用管仲，对群臣发布命令说："我将称呼管仲为仲父。赞成的人进门后站到门的左边，不赞成的站到门的右边。"

大臣们有站在左边的，也有站到右边的，唯独一个叫东郭牙的，站在门中间。

齐桓公问他："我的命令说得明明白白，同意我立管仲为仲父的，进门后站到门的左边，不同意的站到门的右边。你为什么站在正中？"

东郭牙不答反问："凭着管仲的智慧，能够谋取天下吗？"

"能。"齐桓公肯定地说。

"凭着管仲的决断，敢于做大事吗？"东郭牙接着问。

"敢。"齐桓公的回答还是那样肯定。

"好，所以您把国家的权力托付给他。然而，凭着管仲的才能，借助国君您的威势，齐国在管仲的治理下能够保证没有危险吗？"东郭牙又问。

"说得好。"齐桓公说。

于是就让隰（xí）朋主管朝廷内部的事务，管仲主管朝廷外部的事务，使二人互相牵制。

原文摘要

齐桓公将立管仲，令群臣曰："寡人将立管仲为仲父。善者入门而左，不善者入门而右。"东郭牙中门而立……牙曰："以管仲之智，为能谋天下乎？"公曰："能。""以断，为敢行大事乎？"公曰："敢。"牙曰："若知能谋天下，断敢行大事，君因专属之国柄焉。以管仲能，乘公之势以治齐国，得无危乎？"公曰："善。"乃令隰朋治内、管仲治外以相参。

——《韩非子·外储说左下》

简议

管仲是齐桓公最亲近、最信任的人。亲近到什么程度？管仲对齐桓公说："我担任了相国，尊贵是够尊贵的了，但还很贫穷。"齐桓公就把商业税的十分之三赐给管仲，而这部分收入按规定本来是属于齐桓公私人的，他把自己的利益让了出去。过了一些时候，管仲又说："我已经很富有了，但地位还很低。"齐桓公就把管仲的爵位提到高氏和国氏之上，这两家是上卿的地位。不久，管仲又说："我的地位已经很高了，但与您的关系还很疏远。"齐桓公就宣布管仲为仲父，意思是亲近的长辈（《韩非子·外储说左下》）。信任到什么程度？晋国的使臣到齐国访问，负责接待的官员向齐桓公请示用什么礼节。齐桓公叫他去问仲父，一连吩咐了三遍。一旁的弄臣笑着说，您这国君做得真轻松呀，一声仲父，两声仲父的。齐桓公说："我听说做国君的寻求人才很难，等使用人才时就安逸

了。我得到仲父非常不容易，做起国君来怎么能不轻松呢？”（《韩非子·难二》）

亲近到如此程度，信任到如此程度，但齐桓公仍然不放心把国家行政大权完全交给管仲一人，而是只给他一半的权力，另一半权力分给另一个大臣掌握，由此形成相互牵制的政治格局。这就是分而治之。分是分散，是对臣民的措施；治是治理，是君主的统治。只有臣民的分，才有君主的治。

法家认为，大权高度集中于一个官员，不管在哪一级政权，后果都是灾难性的。在中央一级，会发生弑君乃至篡权的悲剧。前面说过的齐湣王被卓齿抽筋吊死、赵武灵王被李兑围困饿死、齐国的政权由吕姓变为田姓，都是国君重用一个大臣的直接结果。在地方一级，会发生以权谋私的现象，贪污之风屡禁不止，国家的财富都落进了贪官的腰包。据商鞅分析，国家并不是没有防止以权谋私的措施，通常的办法是在地方主官之外，设置辅佐官和监察官，然而这两种官员也想以权谋私，依靠他们怎么能够制止贪污受贿呢？所以这个办法不仅没有多少效果，而且还因官吏队伍的扩大增加国家负担。之所以如此，要害就是没有实行分权（《商君书·禁使第二十四》）。

难道在主官之外增设辅佐官和监察官不是分权吗？商鞅认为不是。这就好比让马夫去监督马夫，一点用处都没有，其中的根本原因就是利益没有分开。官员，不管是什么职责的官，虽然主管的事务不同，但根本利益是一致的，都要在老百姓身上发财。常用的办法是事分而利不分，所以不是真正的分权。

这就是法家特别强调的，权力一定与利益相挂钩，分权必须落实到利益的分离上。商鞅说："利益一致的人不可能互相监督，使用利害关系不同的人，是古代君王治理国家的保证。"[①] 这样做才能"分开官吏们的权势，堵塞他们以权谋私的道路"（《商君书·禁使第二十四》）。权力制约最后归结为利益制约。所以，商鞅把力量放在制造不同的利害关系上面，具体的做法就是实行"告奸"，也就是国家对揭发不法分子的人给予重赏，对知情不举的人实行连坐，加以重罚。

由此延伸，由治吏上升到治国，法家流露出这样一种思想，即人们之间的利益不同比利益一致更为重要。君主为什么想方设法地制止官吏以权谋私？因为二者之间"事务相关而利益不同"。[②] 出于同样的原因，民众也坚决反对官吏以权谋私。这样看，君主、官吏、百姓，三者利益不一致才是君主实行统治的前提，最理想的是官吏和百姓各自内部也出现分化，如此一来，君主的统治就可以稳如泰山，没人造得成反。

---

① 夫同体一者相不可。且夫利异而害不同者。先王所以为保也。（《商君书·禁使第二十四》）

② 上与吏也，事合而利异者也。（《商君书·禁使第二十四》）

利益捆绑

回放

三只虱子吵得不可开交。一只虱子路过，问：“你们为什么争吵？”

三只虱子答道：“为了争抢猪身上最肥美的地方。”

那只虱子冷笑一声，说：“难道你们不担心祭祀的日子到来吗？那时候，人们将杀猪祭神，点燃茅草烧掉猪身上的毛，不是连你们一块烧死吗？现在你们却在这头猪的身上争来争去，为什么不想想以后呢？”

于是，这三只虱子聚在一起，共同吸食猪身上的血。

猪慢慢地瘦了下来。用这样的猪来祭祀神灵是不恭敬的，所以人们没有杀它。

原文摘要

三虱相与讼，一虱过之，曰：“讼者奚说？”三虱曰：“争肥饶之地。”一虱曰：“若亦不患腊之至而茅之燥耳，若又奚患于是？”乃相与聚嘬（chuài）其母而食之。彘（zhì）臞（qú），人乃弗杀。

——《韩非子·说林下》

简议

在讲了上面这个寓言后，韩非紧接着又讲了一个结局相反的寓言：爬虫当中有一种毒虫，叫虺（huì），这种东西长相很怪，一个身子两张嘴。这两张嘴为了争夺食物时常撕咬，结果最后自己杀死了自己（《韩非子·说林下》）。这两则寓言从正反两面告诉人们，个人只有抱着合作的态度，与他人联起手来去为共同的目标而奋斗，才能确保自己的利益。

人们习惯上把这种一致性称为共同利益。然而，什么是共同利益？进一步说，有没有共同利益？前面我们说过，在法家看来，人性是自私自利的；我们还说，法家要做的就是使人们之间的利益各不相同。人本来就自私自利，而各自利益又不相同，从逻辑上说，人们之间就不存在共同利益。正如那三只虱子，其实，每只虱子只是自己享用猪身上的血，并没有把它送给同伴分享，它们只是一起行动，做着同一件事情，猪瘦下来不被宰杀，符合每一只虱子各自的利益，用我们前一个小问题中引用过的商鞅的话来说，就是“事务相关而利益不同”。人们是从相关联的事业中来取得各自的利益的，换句话说，就是大家实现各自利益的方向相一致。

韩非就是这样看的。他说：“君主与臣子的心思是不同的。君主算计着蓄养臣子，臣子也算计着侍奉君主，他们之间的交往出于各自的盘算。对自己有害而对国家有利的事情，臣子是不会去做的；对国家有害而对臣子有利的事情，君主也不会去做。就臣子的本心来看，有害于自身就谈不上利益；从君主的本意来说，有害于国家就谈不上亲近。君主和臣子之间，是在算计的前提下结合起来的。”[①] 这就是说，君主与臣子是为了各自的利益走到一起来的，他们之所以形成组合，是因为通过对方可以满足自己的需要。没有臣子，君主就不能进行统治；没有君主，臣子也不能得到权位和俸禄。民众的情况也一样。找不到雇工，雇主的田地就会荒芜；找不到雇主，雇工就挣不到钱。所以，任何一种关系、团体，乃至共同活动，其实质都是成员之间的利益交换，形象地说就是把大家的利益捆绑在一起。

这就告诉人们，一个人要想与人相处，实现自己的利益，就一定要为他人提供便利。君主进行统治，官员处理政务，一定要考虑众人的利益。韩非说：“人们行事和付出，若是抱着与人为利的心思，即使疏远得如同越人那样陌生也容易亲和；若是抱着与人为害的心思，即使父子也会彼此疏离，互相埋怨。”[②]

---

① 故君臣异心。君以计畜臣，臣以计事君，君臣之交，计也。害身而利国，臣弗为也；害国而利臣，君不行也。臣之情，害身无利；君之情，害国无亲。君臣也者，以计合者也。（《韩非子·饰邪》）

② 故人行事施予，以利之为心，则越人易和；以害之为心，则父子离且怨。（《韩非子·外储说左上》）

自立自强

回放

曹国依仗齐国而不听命于宋国，宋国趁着齐国攻打楚国的机会，把曹国灭掉了。

邢国依仗吴国而不听命于齐国，齐国趁着越国讨伐吴国的机会，把邢国灭掉了。

许国依仗楚国而不听命于魏国，魏国趁着楚国攻打宋国的机会，把许国灭掉了。

郑国依仗魏国而不听命于韩国，韩国趁着魏国攻打楚国的机会，把郑国灭掉了。

到了今天，韩国与诸强相比是最弱小的，它试图依仗大国来保护自己，听从秦国和魏国，联络齐国和楚国，以为会收到效果，却不把力量用在治理自己的国家上面，这只能使原本就贫弱的国力更加衰落。靠着别人不可能开疆拓土，而韩国却看不到这一点。现在尽管发生了楚国攻打魏国的许、鄢（yān）地区的事情，发生了齐国进攻魏国的任、扈（hù）地区的事情，尽管韩国的邻国魏国受到削弱，但并不足以起到保存韩国的作用，而韩国却不明白这一点。

原文摘要

曹恃齐而不听宋，齐攻荆而宋灭曹。邢恃吴而不听齐，越伐吴而齐灭邢。许恃荆而不听魏，荆攻宋而魏灭许。郑恃魏而不听韩，魏攻荆而韩灭郑。今者韩国小而恃大国，主慢而听秦、魏，恃齐、荆为用，而小国愈亡。故恃人不足以广壤，而韩不见也。

——《韩非子·饰邪》

简议

韩非是韩国公子，为韩国着想，他以实例说明，依靠别人、走结盟的道路并不能拯救自己，只有立足于自己的国家，使自己强盛起来，才是正途。

韩非所生活的时期，经过激烈的大兼并，只剩下七个大国，比拼更加残酷，结盟活动也更加频繁。当时的联盟有两种基本模式：一是合纵，弱者的组织，对象是除去被称为虎狼之国的秦国之外的六个国家；一是连横，主角只有一个——超级大国秦国。六国希望通过结盟由弱变强，秦国的办法则是通过拉拢小伙计实行各个击破。

对于这两种组织，韩非都瞧不上眼，因为它们都不是保全国家的办法。他分析说，连横就是事从秦国，跟着它去攻打其他弱小国家。事从秦国意味着什么？它要求你献出本国地图，呈上玉玺，以示俯首遵命。献地图割让土地，国土就缩小了；呈送玉玺，国君的声威就降低了。国土缩小，国家就会变弱；国君声威降低，政局就会出现混乱。所以加入连横，还没有见到它带来的实际利益，割让土地、政局混乱的灾难就先出现了。合纵就是联合几个弱小国家去抗拒秦国。联合弱小国家意味着什么？它要求你对秦国用兵。这种行动不一定能保住别国，而讨伐秦国又不能保证不产生疏漏，一经出现闪失，就会被强大的对手所制住。所以加入合纵，还没有见到它带来的实际利益，国土被占领、军队被击溃的灾难就先发生了（《韩非子·五蠹》）。

为什么联盟靠不住呢？根本的问题还在于利益。各国是为了自己的利益而结盟的，当自己的利益与盟友的利益发生冲突的时候，或者投入敌对阵营能够获得更大利益的时候，立刻就会出现背叛，联盟一开始就埋下了分裂的种子。实际情况就是如此，当时的诸国就是在分分合合中过日子的。真应了那句话：没有永恒的朋友，只有暂时的伙伴。

所以韩非的结论是："国家的强大不能通过外部联盟来获得，只能取决于自己的内政。"①又说："混乱和衰弱定然导致灭亡，这是人之常情；国家安定和国力强大必然称王天下，这是自古以来的根本道理。"②

有趣的是，马基雅维里也对结盟持审慎态度。他说："一个君主应当注意，除非迫不得已，绝不能为了进攻别国而同一个比自己强大的国家结盟。因为如上所述，即使您获胜，您仍将成为强国的俘虏，因此君主们应该尽力避免任人宰割的境地。"（马基雅维里《君主论·第二十一章》）

---

① 治强不可责于外，内政之有也。（《韩非子·五蠹》）

② 乱弱者亡，人之性也；治强者王，古之道也。（《韩非子·饰邪》）

拾得

将治国的大政方针置于人性的基础上，是中国古代各家思想的一个共同特点。对此韩非说得很清楚："凡治天下，必因人性。"（《韩非子·八经》）儒家认为人性善，与之相应的治国总方针就是实行德治（善），推行以仁义为核心的"王道"，政治上的善是人性善的引申，同时又反过来促进、弘扬善的人性。道家认为，人性是人的自然性，是不为社会浸染的自然而然状态，由此出发，治国的纲领是无为，也就是顺其自然，任由民众自己去发展。法家认为人性自私自利（恶），所以相应的政治对策是实行利诱和打压两手，推行以实力进行征服、压服的"霸道"，走的是一条以恶制恶的道路。（关于法家打压的政治方针后面要专门论述，本篇略谈。）

然而，从人性论上看，把人性概括为自私自利能够站住脚吗？毋庸讳言，现实的人性中确实存在着恶的因素，但思想家的任务不是将人性的构成一一罗列出来，而是从中抽取出最根本的东西作为立论，这也就是所谓的人的本质问题。将人性概括为自私自利有两个致命缺陷，一是忽略了人性构成中善的因素，无限放大恶的一面，以偏概全；一是忽略了人性的历史性，自私自利的人格是与私有财产相联系的，是人类发展到一定时期的产物，甚至是一定人群的根本特征，因而人性恶缺少普遍性。

需要指出的是，法家不是一般的谈人性。主要有两点。

第一，法家的人性观更多的是一种政治认识。法家的目标是富国强兵，称王天下，这个目标具有鲜明的政治色彩，因此法家视野中的人其实是政治人。政治问题说到底是利益问题。人们处理国家之间的关系，开展各种外交活动，都是围绕本国利益进行的；人们处理国家内部的关系，制定各种方针政策，着眼的是各方面的利益平衡。利益原则是政治领域普遍通行的规律，不管是哪个时期的国家，也不管是什么制度的国家，概莫能外。所以，用政治的框架来衡量，人就是利益的动物。这样看，法家为什么突出利益就容易理解了。

第二，法家的人性观具有强烈的时代性。法家代表人物诸如商鞅、韩非，所生活的时代正经历着由奴隶制向封建制的最后转型，急促的社会大变动造成了传统价值体系的崩溃，人性中利己的一面骤然膨胀。法家关于人性自私的观点正是现实生活的反映。不要说法家了，即使是儒家也不能不受到影响，这在当时最大的儒家、韩非的老师荀子（约前 313 ~前 238）那里表现得非常明显，他认为人生来就是喜好利益的，由此导致相互争夺，违背道德，所以“人之性恶”。

之所以联系荀子，是想为法家的人性观提供旁证，说明法家强调人性自私是由当时独特的社会条件所决定的。当然，荀子的人性恶不是儒家思想的主流，占主导地位的仍然是人性善。儒家的人性论是超政治的，他们的目标系于社会总体，尽管也谈治国，但这只是社会大目标中的一个环节。在这一点上，道家与儒家是一致的。所以这两家的人性论中包含着理想成分，强调人应该怎样做才成其为人。法家不谈这些，他们只对现实感兴趣，正因为如此，其思想才具有了别人难以企及的洞察力和实效性，也才能被秦王嬴政用在横扫六国的统一大业上。

这种洞察力和实效性在本篇所涉及的一些问题上也有所表现。譬如关于权力监督，法家将它与利益挂钩，强调只有在利害关系不同的人之间才能形成真正有效的监督。这个见解即使拿到今天，也是非常有见地的，应该成为一个原则。但其“告奸”的具体措施不足取。其实，与官吏利益真正不同的是民众，按照上述原则，民众最有资格成为监督者，但法家作为压迫阶级的思想家，是不可能请民众来监督官吏的，所以充其量只能想出“告奸”的办法。

君主是国家的最高统治者，国家治理得怎样最后取决于君主。那么，一个合格的君主应该具备哪些条件呢？这就是我们下一篇要谈的问题。

合格的君主

HE GE DE JUN ZHU

要 义

一个合格的君主，必须具备德与才两个方面的条件。公、明、慎、信、勇是对君主品德的基本要求，无为、变通、用人则是君主能力的集中体现。

中华优秀传统文化是什么

法家第一课

君主之德

任何一个岗位都有自己的道德要求，

君主这个位置也不例外。

公

回放

中牟这个地方缺少一个县令。晋国的国君晋平公问赵武："中牟，好比是我国的大腿和胳膊，又好比是都城邯郸的肩胛骨和胯骨，需要一个优秀人才去治理，你看派谁去合适呢？"

赵武说："邢伯子可以。"

"他不是你的仇人吗？"晋平公惊讶地问。

赵武点点头，说："不错。但私人的仇怨不能带到公事中来。"

晋平公看了他一会儿，又问："内库也缺少一个掌管，派谁去好呢？"

"这个职位我儿子挺合适，可以让他去。"赵武答道。

这就是所谓的"举荐人才时对外不避开自己的仇人，对内不避开自己的亲人"。赵武就这样先后推荐了46个人，从来不培植个人恩德。接到他去世的消息，这些人都赶来吊唁，46个人，一个都不少，整整齐齐地坐在来宾的座位上。

原文摘要

中牟无令。晋平公问赵武曰："中牟，吾国之股肱（gōng），邯郸之肩髀（bì）。寡人欲得其良令也，谁使而可？"武曰："邢伯子可。"公曰："非子之仇也？"曰："私仇不入公门。"公又问曰："中府之令，谁使而可？"曰："臣子可。"故曰："外举不避仇，内举不避子。”赵武所荐四十六人，及武死，各就宾位，其无私德若此也。

——《韩非子·外储说左下》

简议

还是这位晋平公，询问一个叫叔向的大夫，大臣中谁的品行最好？叔向回答是赵武。晋平公说：“你跟你的老上司结成死党了。”赵武与叔向是多年的上下级关系，国君怀疑叔向偏心。叔向说，赵武推荐了几十个人才，“他活着的时候没有利用他们为自己家族谋取私利，临死前也没有委托他们照顾自己的儿子，所以我敢说他是最贤德的人”（《韩非子·外储说左下》）。这就是公，不把国家的事务与个人恩怨相混淆，不以公权谋取私利。

关于公，韩非这样说：“古时候苍颉（jié）造字，把为自己盘算称作私，将与私相反的称作公。”[①]私最初写作，即厶（sī），以一画向内环绕来表示，意为自营；后来右边加上一个禾字，写成，禾是庄稼，也可以理解为田地，营私牟利的意义更加明显。公与私正好反过来，公的字形很好地表达了这个意思。它的篆体字是，它由北和厶两个字合成。北的字形是，两个人背对背站立，中间夹着厶，表示背离私。所以公就是不为自己盘算，而为国家盘算，也就是把国家放在个人之上。

君主是一国之主，难道也存在着去私为公的问题吗？回答是肯

① 古者苍颉之作书也，自环者谓之私，背私谓之公。（《韩非子·五蠹》）

定的，因为君主与国家不是一回事。在法家看来，按照公的要求，君主必须做到以下三点。

首先，君主要时刻想着国家，以国家利益为重。商鞅记述了这样一件事：秦国的国君秦孝公与他们几位大臣商议治国大策，秦孝公上来就表态："接替先君做了国君，不能忘记国家，这是为君之道。"（《商君书·更法第一》）意思是告诉大家，包括自己在内，所有与会的人都要把国家放在第一位，这是讨论和制定大政方针的根本原则。

其次，君主不能因私废公。君主之私是个大范畴，偏爱、偏听、偏信、为自己和家族着想、照顾私人利益、沉溺个人享受，等等，都属于因私废公。譬如，听取意见，因为提建议的人跟自己不同姓（族）、不同乡、不同国，就不采纳他的意见。再如，任官赐爵，不是按照功劳、才能任命官职，封赏爵位，而是把官职、爵位送给那些与自己有亲缘关系的人或者自己喜欢的人。

再次，君主严格遵守规矩，不主观随意。君主处理政务往往有两个量度，一个叫尺度，一个叫意度。尺度就是规矩，具有客观性，是恒常不变的；意度就是个人意识情感，是主观性的东西，经常变化着。以尺度为依据处理政务是公，在意度的支配下处理政务是私。

以上三点可以归结为一点，那就是一切按法令制度办。君主将自己限制在这个范围内就做到了公，在这之外另搞一套就是私。

法家强调，公与私的界限一定要划清楚，因为"公私之交，存亡之本也"（《商君书·修权第十四》）。交就是界限，这个界限是国家生死存亡的根本。为什么这样说呢？道理很简单，偏私一定造成不公平，不公平一定带来混乱，而混乱的国家没有不衰落的。

这里需要着重指出的是，法家所说的公，纯粹是从国家出发的，国家不仅与君主是两回事，与民众更是两回事。早期法家如管仲还考虑民心，主张“政之所行，在顺民心。政之所废，在逆民心”（《管子·牧民》）。政令能否畅通，就看它是否顺应民意。到了后期法家特别是韩非那里，民心已经成了一种累赘了。韩非说：“不懂得治理国家的人一定会说：‘要顺应民心。’要是如其所言才能够治理好国家的话，那就用不着伊尹、管仲这样的人了，只要按照老百姓说的去做就可以了。其实，民众的心智是根本不能用的。”[①] 为什么？因为人性好逸恶劳，民众目光短浅。譬如，君主急切地督促民众开荒种田，这对他们有好处，可以增加他们的财产，可是民众却并不领情，反而认为君主过于严酷。所以为政根本不必考虑民意。

这表明，公既不是从君主出发，也不是从民众出发，而是从国家出发。

---

① 今不知治者必曰：“得民之心。”欲得民之心而可以为治，则是伊尹、管仲无所用也，将听民而已矣。民智之不可用，犹婴儿之心也。（《韩非子·显学》）

明

回放

卫国有一个囚犯逃到了邻近的魏国，这人颇通医术，因为给魏国的王后治病，便被收留下来。

卫国国君卫嗣君知道了这件事，派人带着50金到魏国，请求赎回这个逃犯，一连协商了五次，魏国的国君魏襄王就是不同意。

卫嗣君增加了价码，将50金换成了一座城，用一个叫左氏的城邑去交换逃犯。群臣和亲信都不理解，认为小题大做，劝道："用一座城邑去换一个囚犯，这合适吗？"

卫嗣君说："这你们就不懂了。就治理乱子而言，无所谓小事。法令的权威不能确立，刑罚不能贯彻，即使有十个左氏城又有什么用？法令的权威得以树立，刑罚得到坚决贯彻，即使失去十个左氏城又有什么关系？"

魏襄王听到后，说："卫嗣君是真想把国家治理好，我要是再坚持下去，说不定会带来灾祸的。"就派车子把逃犯送了回去，而且没有收取赎金和城邑。

原文摘要

卫嗣君之时，有胥靡逃之魏，因为襄王后治病。卫嗣君闻之，使人请以五十金买之，五反而魏王不予，乃以左氏易之。群臣左右谏曰："夫以一都买胥靡，可乎？"王曰："非子之所知也。夫治无小而乱无大。法不立而诛不必，虽有十左氏无益也；法立而诛必，虽失十左氏无害也。”魏王闻之曰：“主欲治而不听之，不祥。”因载而往，徒献之。

——《韩非子·内储说上·七术》

简议

用一座城邑去换一个逃犯，值吗？就看这笔账怎么算。有两种算法，一种是大臣们的算法，就事论事。逃犯只是一个人，除了会点医术没别的本事，而一座城除去土地之外至少有几百口人，这样看，用一座城邑去换一个逃犯当然令人不能理解，简直可以说是荒唐。另一种是卫嗣君的算法，逃犯不是一个人，他的命运反映着国家制度的权威，以及君主治理国家的决心。对他网开一面，就意味着承认有人可以不遵守法令，国家执法也可以区别对待，如此下去，用不了多久就没人遵守制度了，国家就会走向衰落。所以卫嗣君说，这种情况下就是再增加十个城邑也没用，大局都动摇了，小小的城邑能起什么作用？相反，花大代价把逃犯追回来，即使失去了十个城邑也没关系，因为法令的权威得到维护，国家会变得越来越强大，失去的城邑完全可以收复回来。卫嗣君看的是逃犯后面的东西，利弊的算盘拨得很精，照他的算法，用一座城邑去换一个逃犯还是便宜的呢。

这就是明。明不是一般的智慧，而是智慧的最高层次，表现为常人难以企及的洞察力和预见性，是一种非凡的见识。由于它属于智慧，被称为明智；由于它超出一般，被称为高明；由于它存在于精英身上，被称为英明。《淮南子》说："智慧在万人之上的称作'英'，在千人之上的称作'俊'，在百人之上的称作'豪'，在十人之上的称作'杰'。明于天道，察于地理，通于人情，博大足以容纳众人，德高足以使远方之人归服，诚信足以统一不同思想，聪明足以了解事物的变化，这种人才合乎'英'的标准。"①君主要名副其实地成为万人之上的"英"，就必须具备明的品德。

除了上面涉及的善于权衡利弊外，君主之明还特别表现在以下几个方面：

正确把握治国的要领和根本。商鞅认为，治国的要领是农耕和兵战（《商君书·农战第三》）。治国的根本有三条，一是推行法制，一是发动征战，一是实行奖赏（《商君书·错法第九》）。这是治国的大事，君主决不能含糊。

重实际，去空谈。法家最厌恶的就是儒家书生，韩非称他们是国家的蛀虫，说他们是满口仁义道德、衣冠楚楚的骗子，因为他们反对法制，蛊惑人心，扰乱君主视听，制造华而不实的坏风尚。这种空虚的东西对国家的强盛一点用处都没有，君主对此一定要保持清醒认识，将精力全部投入到耕战、法制建设这些实际工作上来。关于这一点，韩非讲了许多事例，其中一例是：一个叫兒说（ní yuè）的人，口才极好，拿手的就是辩论"白马不是马"的命题，学者们都不是他的对手。但他骑着一匹白色的马过城门的时候，还

---

① 智过万人者谓之英，千人者谓之俊，百人者谓之豪，十人者谓之杰。明于天道，察于地理，通于人情，大足以容众，德足以怀远，信足以一异，知足以知变者，人之英也。（《淮南子·泰族训》）

是得按制度规规矩矩地交纳车马税。韩非总结道，凭着空谈可以征服一国学者，但一拿实际来对照，一个人也骗不了（《韩非子·外储说左上》）。

善于观察，见微知著。韩非讲过这样一件事：商朝的君主商纣王用象牙筷子吃饭，他的叔父太师箕（jī）子很是害怕，因为这样一来，原先的陶制食具就不配套了，一定要改用犀牛角和美玉做成的；使用如此贵重的食具，里面装的东西也要升格；吃的东西好了，穿的自然不能差；穿着华丽的绸缎，继续住茅草屋里显然说不过去，应该换成高大宽敞的房子。就这样一环扣一环，一发不可收拾，最后非出事儿不可。果然，五年后商纣王就发展到肉林酒池，被周武王革了命。韩非引用老子的话说："见小曰明。"意思是从细小的事情上能够察觉到大的后果可以说是明智了（《韩非子·喻老》）。

慎

回放

齐国有位大夫叫隰（xí）斯弥，前去拜见田成子。田成子就是前面提到过的那位此时已准备篡夺吕姓齐国权力的田常。

田成子带着隰斯弥登上高台，向四周眺望。这里视野开阔，一望无际，唯独向南的一面被茂密的树木挡住了——那里不是别处，正是隰斯弥的庄园。田成子望了望，什么话也没说。

隰斯弥回到家里，立即吩咐家人把树木通通砍掉。斧头刚刚在树上砍开几道口子，隰斯弥又下令停止伐木。家臣问：“怎么突然不砍了？”

隰斯弥说：“古时候有句谚语说：‘能够看到深渊下面鱼的人，会给自己带来灾祸。’田成子准备干大事业，而我却以自己的行动表示，发现了他心底的秘密，如此一来，我就危险了。不砍倒树木，不一定有罪过；知晓了别人深藏不露的心事，那就是大罪过了。”

结果隰斯弥庄园中的树最终也没有伐倒。

原文摘要

隰斯弥见田成子，田成子与之登台四望。三面皆畅，南望，隰子家之树蔽之。田成子亦不言。隰子归，使人伐之。斧离数创，隰子止之。其相室曰：“何变之数也？”隰子曰：“古者有谚曰：‘知渊中之鱼者不祥。’夫田子将有大事，而我示之知微，我必危矣。不伐树，未有罪也；知人之所不言，其罪大矣。”乃不伐也。

——《韩非子·说林上》

简议

篆体（慎）字，由心字和真字两部分组成。心指的是自己的心思；真字比较复杂，它分为匕、目、丌。匕的意思是隐秘，目是看、审视，丌表示多、反复，真就是不声不响地反复审视。心作为偏旁，强调的是用心。真与心合起来，指的是精心反复思量。所以，慎有深思熟虑、小心、稳妥的意思，可以把它简要地理解为当心。上文中的隰斯弥可以说非常好地做到了慎，他反复考量、比较，最后选择了最稳妥的办法。

不仅法家看重慎，儒家也提倡慎。《周易》中有一卦，叫“节”，倒数第一位的阳爻的爻辞说：“不迈出家门，没有祸患。”孔子评论说：“对于祸乱的产生，说话不慎重是其阶梯。君主言行不缜密，就会殃及臣子，使他们失去性命；臣子言行不缜密，就会招来灾难，使自己丧失生命；机要的事情不缜密，就会危及成功。因此，君子应该言行谨慎，不轻率表现出来。”（《周易·系辞上传》）

慎是君主必须具备的品质，为什么这样讲呢？韩非说：“君主如同马车的轮毂，是利害汇聚的中心，众人对利益的追求像是辐条射向轮毂一样投向他，所以君主便成为众矢之的。君主的好恶表现在外，臣下就会进行利用，君主就会被迷惑；君主把听到的话泄露出去，臣下就再难以进言，君主也就会因言路不畅而不圣明了。”[①] 君主要对付这么多人，不能不处处小心谨慎。遇事多思量是一方面，另一方面就是守持机密。

《韩非子》中记述了这样一段对话：楚国贵族堂谿（xī）公问韩国的国君韩昭侯：“现在有一只价值千金的玉杯，但却没有底子，能用来盛水吗？”“不能。”韩昭侯答道。堂谿公又问：“有一只不值钱的瓦器，不漏底，能用来盛酒吗？”“能。”韩昭侯答道。“好。”堂谿公说，“瓦器最平常，但由于不漏，可以用来盛酒；玉杯最贵重，但由于没有底子，连用来盛水都不成，谁还会使用它呢？如果君主像是那只玉杯，如同漏水一样将臣子的言论泄露出去，即使臣子有极高的智谋，也不敢贡献给君主。”韩昭侯听了堂谿公的话，每逢赶上国家的重大行动，一定要独自睡觉，生怕说梦话泄露了机密让妻妾听了去（《韩非子·外储说右上》）。

① 人主者，利害之轺（yáo）毂（gǔ）也，射者众，故人主共矣。是以好恶见则下有因，而人主惑矣；辞言通则臣难言，而主不神矣。（《韩非子·外储说右上》）

信

回放

吴起为魏文侯镇守西河郡，秦国在边境上建了一个岗亭。这个岗亭实在讨厌，不除掉它，对魏国农人威胁很大，弄得人心惶惶，而攻打它又不值得征调军队。

于是，吴起把一根车辕倚在北门外，发布命令说：“谁能够把这根车辕搬到南门外，赐给他上等田地和上等住宅。”哪有这样的好事？开始根本没人响应。终于有一个人按照命令做了，吴起便赏给他上等田地和上等住宅。

过了一会儿，吴起又在东门外放了一石赤豆，命令道：“谁能够把这石赤豆搬到西门外，可以得到同样的赏赐。”人人都抢着去搬运豆子，生怕错过了机会。接着吴起发布命令：“明天将进攻那座岗亭，能够第一个登上亭子的人，奖给国大夫的爵位，并赏赐上等田地和住宅。”

人们争先前往。吴起下令进攻，只用了一个早晨，岗亭就被拔除了。

原文摘要

吴起为魏文侯西河之守。秦有小亭临境，吴起欲攻之。不去，则甚害田者；去之，则不足以征甲兵。于是乃倚一车辕于北门之外而令之曰：“有能徙此南门之外者，赐之上田、上宅。”人莫之徙也。

及有徙之者，还赐之如令。俄又置一石赤菽（shū）东门之外而令之曰："有能徙此于西门之外者，赐之如初。"人争徙之。乃下令曰："明日且攻亭，有能先登者，仕之国大夫，赐之上田宅。"人争趋之。于是攻亭，一朝而拔之。

——《韩非子·内储说上·七术》

简议

一个人要做成事，前提是必须有人相信你。怎样才能取得别人的信任？最重要的就是具备守信的口碑，平时就能言出必行。吴起是战国初期著名的法家人物、变法的探索者和最有成就的军事家，知道信用在政治中的重大作用。

人们常用金口玉言来形容君王说话的分量，这不仅是因为他的地位至高无上，还因为他的话不能反悔。君主是政令的发布者，如果君主信用欠缺，再好的政策和措施也难以实行，人们会从不信任一个人发展到不信任一个国家。所以，君主必须做到恪守信用。

君主的信用是一点一滴积累起来的，所以日常生活中就要有所表现。韩非讲过这样一件事：魏文侯与管园林的官员约好了一起去打猎。不想第二天刮起了大风。身边的人劝魏文侯不要去了，他不听，说："不能以风大为理由而失信于人，我不做这种事。"然后亲自驾车前往，冒着大风通知官员取消活动（《韩非子·外储说左上》）。韩非说："小事上守信用，就可以在大事上赢得信用，所以英明的君主通过信用来积累自己的声望。”①

在信用问题上，最关键的是说到做到，不能以任何借口毁弃、更改承诺，即使有正当理由也不行。韩非以曾子的事例来说明这一点。曾子的妻子要去市场，儿子哭闹着想跟着去。母亲哄他说：“你回家去，等我回来后给你杀猪吃肉。”妻子从市场上回来，曾子便去捉猪，要杀掉它。妻子慌忙止住，说：“我不过跟孩子说着玩儿呢。”曾子说：“孩子不是开玩笑的对象，他没有知识，一切都跟父母学。你欺骗他，就是在教他学骗人。再说，做母亲的欺骗孩子，孩子就不再相信你了，到时候你还怎么教育他呢？”于是，曾子就把猪杀掉了，煮肉给孩子吃（《韩非子·外储说左上》）。

提到信，人们往往笼统称之为诚信。其实这是一种误解，信与诚是两个不同的范畴。诚强调的是内心的真实，但对信来说，真心也好，假意也罢，只要是说出口的，就必须去做。当然，信中又有诚，说出的话一定要兑现，也就是真诚地对待自己的诺言。一个人可能一时做不到对别人真心，但一定要做到对自己真心。如果连这一点都做不到的话，就没人看得起他了——谁会去尊重一个连自己都不尊重的人呢？

---

① 小信成则大信立，故明主积于信。（《韩非子·外储说左上》）

勇

回放

魏国的国君魏惠王问一个叫卜皮的人："据您耳闻，我的名声怎么样？"

卜皮回答："我听说大王仁慈又大方。"

魏惠王非常高兴，又问："既然如此，您看我的功业可以达到什么程度？"

"灭亡。"卜皮平静地说。

"什么？"魏惠王睁大了眼睛。过了一会儿，说："这我就不懂了。仁慈、大方是好的品德，应该带来好的结果，怎么会使人走向灭亡呢？"

卜皮说："仁慈的人下不了狠心，大方的人喜好施舍。不狠心，就难以惩罚犯了过错的人；喜欢施舍，就时常会奖赏那些没有功劳的人。有过错的人得不到惩处，没有功劳的人却得到奖赏，这样的君主，难道不应该走向灭亡吗？"

原文摘要

魏惠王谓卜皮曰："子闻寡人之声闻亦何如焉？"对曰："臣闻王之慈惠也。"王欣然喜曰："然则功且安至？"对曰："王之功至于亡。"王曰："慈惠，行善也。行之而亡，何也？"卜皮曰："夫慈者不忍，而惠者好与也。不忍则不诛有过，好予则不待有功而赏。

有过不罪，无功受赏，虽亡，不亦可乎。”

——《韩非子·内储说上·七术》

简议

勇的篆字写作或，无论哪一种写法，都由两部分组成。主体部分是甬，这个字与用相通，说的是运用。运用什么呢？一个是左边那个字的下方的东西，它叫耒（lěi），一种原始农具的象形，这种农具与后来的木叉差不多；另一个是右边那个字的上方的东西，它叫戈，古代兵器的象形——这两种东西表示的都是力。可见，勇的本义就是人运用自己的力气。这表明，勇与力量是分不开的，它以力量为基础，由力量来表达。这种力量并不局限于体力，它还是一种精神，诸如胆识、意志、坚韧之类，正是这些精神性的东西更能体现勇的内涵，代表勇的本质。

能够下狠心属于勇的范围。君主必须具备这样的意志品质，甚至无情无义，这样，做人做事才能一竿子插到底，不留遗憾和后患。就此而言，仁慈是君主的大敌，它是软弱、胆怯的代名词。其后果正如文中卜皮说的那样，仁慈意味着灭亡。

仁慈是怎样造成灭亡的？我们看看下面的故事。春秋时期，晋国设置六个军，军的统帅称为卿，位高权重。大臣胥僮（tóng）和长鱼矫对国君晋厉公说：“六卿对内把持大权，对外与敌国勾结，对下扰乱国法，对上挟持君主，再不采取措施，国家就危险了。”晋厉公接受了他们的建议，一口气杀掉了三个卿。胥僮和长鱼矫劝他接着干，说：“留下的这三个家伙心怀怨恨，一定不会甘心的。”

晋厉公摇了摇头，说：“我一天就灭了三卿，实在下不了狠心。”过了三个月，其他几个卿一起作乱，杀了晋厉公，连他的领地都瓜分了（《韩非子·内储说下·六微》）。

所以君主一定要有勇往直前的意志，决不能半途而废。吴王阖闾(hé lǘ)率军攻打楚国的都城郢(yǐng)，多次获胜，问伍子胥：“可以退兵了吧？”伍子胥说：“要想淹死敌人，把他按在水里灌一口水就住手，是绝对不能成功的，因为半途而废了。不如趁着他快不行了的时候，把他沉到水底。”（《韩非子·说林下》）

拾得

本书《目标：富国强兵》篇中说过，法家是反对道德政治的，但这里又讲君主必须具备一定的道德品质，这不是自相矛盾吗？

正如道家批判道德但并不否认道德一样，法家也不排斥道德。道德本身并没有什么不对，问题出在如何运用道德上，或者说道德应该处在一个什么样的位置上。儒家把道德视为终极价值，主张人只有完全按照一整套道德规范去做，才成其为人；主张治国必须完全遵循道德要求，才是好的政治。道家批判道德，就是为了打破这个观念，在道家看来，只要是强加于人的，再美好的道德说教也是不合理的，而人自然而然体现出来的道德则无可指摘。法家批判道德，也是为了打破这个观念，当然不是从自然的角度，而是从政治出发。其要旨在于，坚决反对把道德凌驾于政治之上、利益之上。

我们不妨结合信的规范，分析一下法家是如何看待道德的。

信对君主之所以必要，首先在于它有助于树立君主的权威和形象。前面在讲到魏文侯信守诺言的时候，引用了韩非一句话，意思是以小事上的守信来赢得大事上的信用，并由此积累起自己的声望。显然，在这里守信带有明确的功利目的，是做给别人看的。

魏文侯顶着大风亲自跑去通知管园子的小官，一定很辛苦。韩非告诉君主们，其实守信并不意味着单纯的付出，从长远看，这是一件很划算的事。晋文公重耳攻打一个叫原的小国，只准备了十天的粮食，因为他跟大夫们约定十天结束战争。然而到了约定期限，并没有攻下原国，晋文公决定退兵。这时有人从城里跑出来说："原城只能维持三天。"大臣们劝说晋文公再坚持几天。晋文公说："我跟大家约定了以十天为期，如果到时候不离开，就是自食其言。得到原国而失信于人，我不会干这种事。"于是下令撤军。原国人听说了这件事，说："晋国的国君如此信守诺言，我们怎么能不归顺呢？"便投降了晋文公。卫国人听说了这件事，也说："晋国的国君如此信守诺言，我们怎么能不归从呢？"也跟着投降了。韩非总结道："攻克原国得到卫国，是因为守信用。"（《韩非子·外储说左上》）

这就是信用的功能。这就告诉我们，在法家那里，君主遵守某种道德规范，与儒家所主张的人之为人的终极目标毫不相干，甚至与道义也没有多大关系，纯粹是出于政治和利益的需要。也就是说，道德不是目的，而是手段；不是道德决定政治，而是政治决定道德。

法家的这个观念无疑具有合理性，对把政治从道德束缚中解放出来使它们回到各自的位置起到了重大作用。然而，这种把道德只是视为工具的观念，也难免造成令人不能接受的政治恶果。

西汉时期，匈奴王头曼有个儿子名叫冒顿（mò dú），被立为太子。后来他宠爱的妃子生了儿子，他变了主意，想立小儿子为太子，便打发冒顿到月氏（ròu zhī）国当人质。后来，匈奴与月氏开战，月氏准备杀掉冒顿，冒顿偷了匹好马跑了回来。头曼认为儿子有胆有识，便封他为统领一万骑兵的将领。冒顿制造了能够发出声响的箭，称为"鸣镝（dí）"，发布命令说："鸣镝射向哪里，将士的箭就跟到哪里，不听从命令的，斩立决。"练习了一段时间后，冒顿拿自己的好马当靶子，发射鸣镝，有人迟疑了一下，当即被冒顿砍了脑袋。不久，冒顿又把鸣镝射向自己的爱妻，有人手软，又被砍了。接着，他用鸣镝射向父亲匈奴王的坐骑，这回没人敢犹豫了，所有的箭都飞向那匹马。冒顿心里终于有了底。一天，他跟随父亲头曼去打猎，突然向父亲发射鸣镝，他手下将士的箭一起跟了过去，头曼倒在了血泊中。于是冒顿自立为王（《史记 · 匈奴列传》）。

冒顿练兵的法子与法家人物吴起拔除敌方岗楼走的是同一个路子，都是先设定一个特殊事由，以信用为手段来树立起自己的绝对权威，然后驱策部属实现自己的目的，所不同的只是一个运用奖励一个运用惩罚罢了。

这也从一个侧面表明，尽管政治与道德是两个领域，但不能截然分开，人们可以不要道德政治，但不能不讲政治道德。

君主之才

要做一个合格的君主，必须具备一定的才能。
君主因自己的特点不同，表现出的才能也各有所长，
但以下三种能力是每一个君主都应该掌握的。

无 为

回 放

齐国国君齐宣王向一个叫唐易鞠（jū）的人请教驱赶鸟儿的事。

齐宣王问：“对驱赶鸟的人来说，最重要的是什么？”

唐易鞠答道：“谨慎地守好你的粮仓。”

齐宣王又问：“为什么这么说呢？”

唐易鞠道：“鸟儿们用几十只眼睛看人，而人只用两只眼睛看鸟，怎么可以不谨慎小心呢？所以说‘最要紧的就是谨慎地守住你的粮仓’。”

齐宣王话题转到了治国上，问：“然而，怎样像守护粮仓那样来守护国家呢？要知道君主是用两只眼睛看全国，而全国却有上万只眼睛注视着君主，君主将用什么样的法子守卫自己国家这个粮仓呢？”

唐易鞠回答：“郑长者说过，‘虚静无为而使人无法看到自己。’做到这一点差不多就可以守护住国家这个大仓房了！”

原文摘要

齐宣王问弋（yì）于唐易子曰：“弋者奚贵？”唐易子曰：“在于谨廪（lǐn）。”王曰：“何谓谨廪？”对曰：“鸟以数十目视人，人以二目视鸟，奈何不谨廪也？故曰：‘在于谨廪’也。”王曰：“然则为天下何以为此廪？今人主以二目视一国，一国以万目视人主，将何以自为廪乎？”对曰：“郑长者有言曰：‘夫虚静无为而无见也。’其可以为此廪乎！”

——《韩非子·外储说右上》

简议

由驱赶鸟儿的要领联系治国之道，结论是道家人物郑长者的一句话：“虚静无为而无见也。”在另一个地方，韩非再次引用郑长者的话：“体道，无为、无见也。”（《韩非子·难二》）意思是，体会“道”的用意，无非是不做事、不显露罢了。这两条也可以说是韩非从法家的角度对君主无为的概括。

先看不显露。什么是不显露？韩非说：“君主不要把自己的欲望表现出来，如果欲望显露于外，臣子就会按照君主的口味雕琢自己；君主也不要把自己的意图暴露出来，如果意图被人知晓，臣子就会根据君主的心思修饰自己。所以说：君主隐藏起自己的好恶，臣下就会显现出本来面目；君主隐藏起自己的心思和一贯见解，臣下就会小心翼翼。君主摒除自己的爱好和憎恶，臣下就会暴露出本来的面目；君主摒除个人的智慧和见解，臣下就会慎重从事。”① 可见，不显露就是君主把自己的欲望、意图、爱憎、智慧等个人性的东西深深隐藏起来，绝对不要暴露在人们面前。

为什么君主不能显露出个人性的东西呢？因为臣子们个个都不

① 君无见其所欲，君见其所欲，臣自将雕琢；君无见其意，君见其意，臣将自表异。故曰：去好去恶，臣乃见素；去智去旧，臣乃自备。（《韩非子·主道》）

怀好意，就像本文中讲的那群鸟儿盯上粮仓一样，时刻准备抢夺、盗取国家利益。为了达到目的，他们费尽心机研究君主的方方面面，寻找可乘之机。韩非引用道家人物申不害的话说，一旦人们发现君主善于明察，就会小心翼翼；一旦发现他昏庸，就会糊弄他；一旦发现他聪明智慧，就会奉承他；一旦发现他愚笨，就会隐瞒他；一旦发现他的嗜好，就会诱惑他。在这里，君主只是一个人，而臣子则人数众多，以一对众，君主无论如何也不是对手，所以最好的办法就是深藏不露，叫人找不到破绽，无从下手。用本文中的事例引申，就是人躲在鸟儿看不到的地方，发现哪只鸟儿有异动，就张弓把它打下来。

那么，君主怎样才能做到不显露呢？这就要求不做事。不做事并不是什么事也不干，而是不做那些容易暴露本来面目的事情，特别是属于臣子做的实际事务。韩非讲过这样一件事：齐国的国君齐宣王担心臣子糊弄他，提出亲自查账。相国田婴让官吏准备好全年的财政账目，请齐宣王听汇报。不想这一听就没完了，吃完午饭继续听，累得他连晚饭都不想吃，晚上又接着听，不大工夫就睡着了。趁着他睡熟，官吏们偷偷用刀刮掉了竹简上的项目结算，在他身边完成了一次冠冕堂皇的贪污。这就是君主参与具体事务的后果，不仅累垮了身体，暴露了弱点，还被人做了手脚（《韩非子·外储说右下》）。

那么君主干什么呢？两个字：掌权。君主只要牢牢地把握住大权就可以了，具体事务一概交给臣子去办。这样，不仅断绝了臣子研究君主的机会，而且还为君主冷眼旁观臣子提供了条件。臣子是忠还是奸、是愚拙还是聪明、是老实还是圆滑，高高在上的君主一目了然，从而根据对每个人的掌握去使用他们，把事情办得更好。韩非说："君主有智慧而不用思虑，以使万物各自处在本来的位置上；有才能而不去施展，以观察臣子言行的依据；有勇力而不去逞威风，以使群臣发挥他们的勇武。这样，君主不用智慧却显得更加明智，不用才能却更能收到成效，不用勇力却更加强大。"①

君主的无为之道可以概括为"虚静"（《韩非子·主道》）。虚就是无，什么也看不出来，没有实实在在的东西；静就是不行动，什么也不做。君主做到了"虚静"，就能够实现以虚制实，以静制动，把臣子们治得服服帖帖的。

① 故有智而不以虑，使万物知其处；有贤而不以行，观臣下之所因；有勇而不以怒，使群臣尽其武。是故去智而有明，去贤而有功，去勇而有强。（《韩非子·主道》）

变 通

回 放

宋国有个农夫，他的田地里有根树桩，一只兔子飞跑过来，一头撞到树桩上，折断脖子死掉了。

从此，这个农夫便放下农具专门守候在树桩旁，希望能够再次捡到兔子，然而这样的兔子是不可能再得到的，他本人也因此成为宋国人的笑柄。

原文摘要

宋人有耕田者，田中有株，兔走触株，折颈而死，因释其耒而守株，冀复得兔，兔不可复得，而身为宋国笑。

——《韩非子·五蠹》

简 议

这是著名寓言“守株待兔”，出自《韩非子》。韩非讲这个寓言，意在讽刺儒家，动不动就搬出古代的圣明天子，说当年的尧、舜、禹、汤如何如何，今天我们也应该踩着他们的脚印走。这些主张效法古代的人就像那位冥顽不化的宋国人一样可笑，期待着过去的事情在今天重演。

那位宋国人为什么可笑？因为他不懂得变化，以不变的意识来应对变化了的社会实际，这个反差让人发笑。韩非说，上古时代，人们为了躲避猛兽毒蛇，在大树上搭成鸟一样的巢住在里面，以钻木取火的法子得到火种，烧熟食物；中古时代，洪水泛滥，当时的主要任务是疏通河道；近古时代的主要任务是商汤王和周武王的革命。如果在中古时代，有人非要筑木为巢、钻木取火，一定会遭到耻笑；如果在近古时代，有人非要把疏通河道作为当务之急，也一定会受到嘲笑（《韩非子·五蠹》）。韩非的这段话表明，社会是变化着的，每一个时代都有自己的任务，所以人们应该随着社会和时代任务的变化而变化。

具体到治国上面，就是君主一定不能墨守成规，必须通达变化。这里最重要的有三条。

第一，不教条。韩非这样嘲讽教条的人：有个宋国人迷信书本，他见古书上说“反复约束自己”，于是就把两条带子重叠在一起，捆在自己身上。人家问他这是干什么？他说：“书上是这么讲的，自然要这样做了。”（《韩非子·外储说左上》）这方面最有名的故事是郑人买履。郑国有个人要去买鞋，先用一根绳子量好脚的尺寸，然后将绳子放在座位上，起身前往市场。他挑好了鞋，突然发现没带那根绳子，就跟人家解释：“我忘了拿尺码。”连忙回家去取。等到再赶回市场，集市已经散了，结果空手而归。有人问他：“你为什么不用自己的脚试试鞋子？”他说：“我看还是尺码更可靠一些。”在教条者那里，什么都可靠，唯独自己不可靠。连起码的自信心都没有，怎么能当好君主？

第二，不从前人的经验出发，不从书本出发，那么从哪里出发呢？从实际出发。关于制定治国方略，韩非曾做过这样一个对照：

以德治国在古代为什么能行得通？因为那时人少资源多，所以大家不争夺，人人遵从道德。现在情况变了，一个人至少有五个儿子，每个儿子又至少有五个儿子，结果一家人光儿孙就有30个。人多了，资源就少了，于是争夺就出现了。这种情况下，没人去讲道德，人人都为自己。怎么办？要想保证社会秩序，只有一个法子，那就是用奖赏和惩罚约束民众，也就是实行法治（《韩非子·五蠹》）。这就是今天的君主应该做出的选择。只有从实际出发，国家才能保证大政方针的正确性。

第三，具体问题具体分析。前面说过，法家把分而治之作为治国的一个方针，齐桓公同时使用管仲和隰朋，让他俩互相牵制。但也不能一概而论。《韩非子》中记载了这样一件事：韩国的国君韩宣王问一个叫樛（jiū）留的人："我打算同时重用公仲和公叔这两个人，你看可以吗？"樛留说："不可以。晋国任用范氏、中行氏、智氏、韩氏、魏氏、赵氏六家，结果国家被瓜分了；齐简公同时任用田常和监止，结果被杀死了；魏国同时任用公孙衍（yǎn）和张仪，结果失去了西河以外的土地。如果您同时任用公仲和公叔，他们中势力大的会树党营私，势力小的会里通外国，这样一来，魏国就危险了。"（《韩非子·说林上》）在齐国以及齐桓公那里，同时任用两个大臣主持朝政是高明的，而在韩国以及韩宣王那里，同样的做法就显得愚蠢了。这就告诉君主，没有一成不变的定例，凡事要以具体条件为转移。

用人

回放

晋国的国君晋平公问大夫叔向："齐桓公多次会合诸侯，匡正天下秩序，不知道是凭借臣子的力量呢，还是凭借君主的力量？"

叔向打比方说："管仲善于剪裁，宾胥无善于缝纫，隰朋善于装饰。衣服做好了，齐桓公拿来穿在身上。臣子出力，君主捡现成的，君主哪里谈得上有贡献呢？"

这时候，坐在一旁的晋平公的乐师师旷伏在琴上笑个不停。晋平公问："太师您笑什么啊？"

师旷说："我笑叔向刚才说的那番话。其实臣子不过是厨师，将五味调和好了端给君主，君主不吃，谁又能强迫他？请允许我打个比方：君主就像是土地，臣子像是草木，只有土地肥沃，草木才能长得茂盛。所以我说一切取决于君主，臣子又有什么力量呢？"

原文摘要

晋平公问叔向曰："昔者齐桓公九合诸侯，一匡天下，不识臣之力也，君之力也？"叔向对曰："管仲善制割，宾胥无善削缝，隰朋善纯缘，衣成，君举而服之。亦臣之力也，君何力之有？"师旷伏琴而笑之。公曰："太师奚笑也？"师旷对曰："臣笑叔向之对君也。凡为人臣者，犹炮宰和五味而进之君。君弗食，孰敢强之也？君请譬之：君者，壤地也；臣者，草木也。必壤地美然后草木硕大。亦君之力也，臣何力之有？”

——《韩非子·难二》

简议

这是一场关于君主与臣子谁的作用更大的争论。韩非的意见是，君主和臣子都出了力，各有各的作用，所以叔向和师旷的观点都是片面的（《韩非子·难二》）。这里其实也涉及用人问题，齐桓公九合诸侯，一匡天下，之所以能有如此成就，是他善于用人的结果。没有管仲等贤能之才，就没有齐国的强大，而没有齐桓公的识才和用才，也就没有管仲等人施展才干的机会。

韩非将君主分为三等：“本领低下的君主用尽的是自己的能力，本领中等的君主用尽的是别人的力量，本领上等的君主用尽的是他人的智慧。”① 这就是说，笨拙的君主只是使用一己之力，支使不了别人；聪明的君主有办法驱策他人，但局限在跑腿出力听吩咐的程度上；高明的君主使用的就不仅仅是人的身体了，而是他们的全部能力，有办法让他们主动充分地发挥自己的才智。君主的力量来自用人，下等君主没有多大的力量；中等君主只开发了人的能力的一部分，力量也有限；上等君主力量无限，因为与其说他在使用人才，还不如说他在创造人才。

那么，怎样才能做一个上等君主呢？这里有三点应该特别注意。

第一，解决好用人的出发点问题。这是用人成败的前提。这个

① 下君尽己之能，中君尽人之力，上君尽人之智。（《韩非子·八经》）

出发点就是公，以国家利益为最高原则。韩非说：圣明的君主“从内部选拔官吏，不因为有亲缘关系而回避；从外部选拔官吏，不因为有私仇而回避。正确的在他那一边，就立即任用他；错误的在他那里，就立即惩罚他。”[①] 韩非坚决反对任人唯亲，因为亲人也有自己的利益，并不一定与国家、君主的利益相一致。圣明的君主深知这一点，绝不任用怀有二心的亲人，并给予驱除和严惩，使其永远不能出现在关键岗位上，譬如，尧帝的儿子丹朱，舜帝的儿子商均，夏启的儿子五观，商汤的孙子太甲，周武王的弟弟管叔和蔡叔，得到的就是这样的待遇（《韩非子·说疑》）。

第二，解决好授权问题。这是用人成败的关键。韩非讲过这样一件事：中山国的相国乐池出使赵国，随行的马车有一百多辆。乐池指定自己的一个门客为领队，不想没走多远车队就乱了。乐池埋怨门客：“我以为你是有才智的人，怎么连个车队也管不好呢？”门客说：“掌握了使用刑罚的权力，别人才怕你；掌握了使用奖赏的权力，别人才追随你。如今我以年少而位卑的门客身份，去管理年长而位尊的人，您又不给我赏罚的权力，谁会听从我呢？如果我有这样的权力：听从命令的封为卿相，不听命令的拉出去杀头，管不好车队才怪！”（《韩非子·内储说上·七术》）所以韩非说：“任用人，就是给他权势。”[②] 这句话说得非常精到，切中用人问题的实质。

---

① 圣王明君则不然，内举不避亲，外举不避仇。是在焉，从而举之；非在焉，从而罚之。（《韩非子·说疑》）

② 任人者，使有势也。（《韩非子·八说》）

第三，解决好权力控制和监督问题。这是用人成败的保证。因为君主赋予了臣子权力，控制和监督就是非常必要的，处理不好，或者造成人才发挥不了作用，或者造成大权旁落，这都是君主不愿意看到的。这个问题后面要专门谈，不赘述。

拾得

无为本是道家的核心思想，是一种清静的东西，韩非却拿来用在雄心勃勃的君主身上，这似乎有些不大对劲。

道家崇尚自然，厌恶束缚，主张自由自在的生存方式，反映在治国上，就是无为而治。老子说："上德无为。"（《老子·第三十八章》）这里德与得相通，意思是明白了"道"的理，乃是最大的收获，有了这个所得，便可以进入道德的至高境界，这个境界就叫作无为。在道家看来，"道"生化万事万物，但并不干预它们，而是任其自己运行发展，所以明白"道"的理，效法天道，最重要的就是保持自然而然的状态，既不刻意地改变自己，也不干涉别人。这就要求统治者遵守自然之道，顺应百姓意志，将自己的影响降到最低，最好低到民众只隐隐感到似乎还存在着这么一个君主的程度。道家追求超凡脱俗的气质，主张无为而治完全符合这一精神特征。

法家却不同。前面说过，法家是诸家中最现实的一家，其目的是富国强兵，称王天下，所以绝不可能主张无为而治。事实上也是如此，法家的各种政治措施，无一不是对社会的强大干涉，在这样的统治下，是根本找不到个人空间的。无为也是如此，它要达到的结果是更有效的控制，是为君主加强自己的统治权服务的。所以在法家那里，无为早已变了质，由治国的指导思想和总原则蜕变成为君主的统治手段。正是在这个意义上，它属于君主的一种能力。

这并不是说法家只是借用了道家的一个词，实际上二者的无为还是有一致之处的。譬如，关于国家的大政方针，道家主张不轻易变更，老子曾用烹煎小鱼的诀窍在于少翻动来说明这个道理。法家强调君主要有变通能力，但同时又强调君主的治理要保持稳定性，韩非的意见是，不要经常改变法令，因为法令的改变会带来利害关系的变化，利害关系的变化又会带来民众职业的变更，而职业的变更则会造成经济损失（《韩非子·解老》）。再如，关于君主的统治技巧，道家提倡超脱，韩非主张少说少做。

君主少说少做纯粹是出于政治需要，把自己隐藏得更深。对此，儒家是怎么看的呢？韩非曾以周文王为例，说明法儒两家的分歧。商朝末期，商纣王残暴无道。当时的周族还是商统治下的一个诸侯国，周族领袖姬昌也就是后来的周文王向商纣王进献方圆千里的土地，来请求废除名为炮烙的酷刑。韩非说，孔子这样评价周文王的举措："仁慈啊，文王！把废除炮烙之刑看得比方圆千里的土地还要重。智慧啊，文王！以方圆千里的土地换来了天下人心所向。"韩非问，文王有智慧吗？本来商纣王就因为民众拥护文王而嫉恨他，这时候文王应该低调做人，以图自保。可他倒好，调子不低反高，竟然用千里土地去争取人心。结果怎么样？被商纣王戴上脚镣手铐关进了监狱。所以孔子的看法不对，文王要是聪明的话，应该少说少做，把自己的真相隐藏起来。

显然，儒家与法家的着眼点不同。儒家主张为人处世一定要堂堂正正，有什么说什么，不隐瞒自己的观点；法家并不在意这些，它看重的是效果，只要能够达到目的，怎么做是无所谓的。

本篇的内容是君主的品德和才能，要承担起治国重任，君主仅仅具备德才方面的条件还很不够，还必须善于处理他与臣民之间的关系。而要做到这一点，必须对臣民有一个透彻的了解。

君主眼中的臣民

JUN ZHU YAN ZHONG DE CHEN MIN

要 义

臣子的价值不在于忠诚和贤良，而在于能够被君主所控制。君主控制臣子的主要手段是利、害、权。民众的根本价值在于充当富国强兵的工具，君主对待民众的原则是不施恩，不同情，不富民。

中华优秀传统文化是什么

法家第一课

臣 子

臣子是君主治理国家的帮手，
民众的实际管理者，
那么，君主怎样对待臣子才更符合自己的利益呢？

忠贤之臣不理想

回放

鲁国的士人阳虎在政治斗争中失利，先是逃到齐国，后来又跑到晋国投奔赵简子。

赵简子问他：“我听说你善于培养人才，是吗？”

阳虎说：“我在鲁国的时候，栽培了三个人，他们都做了地方长官。当我在鲁国犯了罪的时候，这三个人都搜捕我。我在齐国的时候，举荐了三个人，一个人在国君身边做事，一个人当县令，一个人任边防官。后来我在齐国犯了罪，在国君身边做事的那个人不肯见我；当县令的那个人到处寻找我，打算把我捆起来送进监狱；任边防官的那个人在后面追赶我，一直到边境没追上才止步。我不善于培养人才。”

赵简子低头嘿嘿笑了起来，说：“种的是桔柚，收获的果实吃到嘴里是甜的，闻起来是香的；种的要是枳棘，长大了就会扎人。所以君子栽培人才一定要慎重。”

原文摘要

阳虎去齐走赵，简主问曰：“吾闻子善树人。”虎曰：“臣居鲁，树三人，皆为令尹；及虎抵罪于鲁，皆搜索于虎也。臣居齐，荐三人，一人得近王，一人为县令，一人为候吏；及虎得罪，近王者不见臣，县令者迎臣执缚，候吏者追臣至境上，不及而止。虎不善树人。”主俯而笑曰：“树桔柚者，食之则甘，嗅之则香；树枳棘者，成而刺人。故君子慎所树。”

——《韩非子·外储说左下》

简议

阳虎栽培的几个人都有一个共同特点，就是不念私情，以法令为最高原则，这样的人可以说是忠臣了。然而，他们对栽培者来说，却是不利的，因为不能彻底为我所用。这就是君主的心态：一方面希望臣子尽忠，但另一方面由于他们有自己的一套原则，使用起来又不得心应手。

我们来看一个例子。晋国国君晋平公与大臣们一块喝酒，兴头上感慨道：“最大的快乐莫过于做君主了，说的话没人敢违背。”话音刚落，就见一张琴朝自己直撞过来，急忙躲闪，琴撞在墙上。定睛一看，原来是师旷。这位音乐大师是盲人，说：“说这话的人是小人，所以我用琴撞他。”晋平公声明刚才的话是他说的。师旷道：“这不是做君主的人应该说的话。”这就是忠臣。这样的人谁愿意用（《韩非子·难一》）？韩非曾经点了六个大忠臣的名字，他们是夏朝的关龙逄、商朝的比干，以及春秋时期随国的季梁、陈国的泄冶、楚国的申胥、吴国的伍子胥，说“这六个人都是运用极力进谏的手段来迫使君主服从他们。他们的话君主必须听从，他们主张的事情君主必须去做，那架势就像老师教训学生；一句话没有听从，一件事没有照办，就用语言侵犯君主，以牺牲自己的身体相威胁，即使是人死家破，头断身碎，手足相分，也无所谓。像这样的臣子，就是先古的圣明之君都不能够忍受，何况今天的君主呢，又怎么能够任用他们呢？”①

忠臣的行为与众不同，有些地方常常超出情理，令人生畏。赵国有个叫梁车的人新任邺（yè）地的长官，他的姐姐前去看望他，到的时候城门关闭了，只好翻墙进城。梁车认为她犯了法，就砍掉了姐姐的脚（《韩非子·外储说左下》）。还有一位更过分，这人叫乐羊，担任魏国的将军，率军攻打中山国。他的儿子正好在中山国当官，国君就把他的儿子烹煮了，做成肉羹送给乐羊。乐羊为表示决心，竟然吃了整整一杯羹（《韩非子·说林上》）。这就是忠臣。这样的人谁敢用？所以赵国的国君当即免了梁车的职，把他赶得远远的；魏国的国君虽然奖励了乐羊，但从此不再信任他。

还有一种人，品德高尚，志节坚定，被称为贤臣，商末周初的伯夷和叔齐两兄弟就是其中的代表。他们听说周武王是明君，不远千里赶去投奔，结果大失所望，他们看到的是，周朝推翻商朝，不过是以一种暴力替代另一种暴力。于是便毅然离去，躲进北方的首阳山，因为不吃周朝的米，最后饿死在大山里。庄子说：“像伯夷和叔齐这样的人，富贵对他们简直唾手可得，但却根本打动不了他们。高风亮节，超凡绝俗，以追求自己的志向自得其乐，不随波逐流，这就是两位贤士的风骨啊。”（《庄子·让王》）在韩非看来，

---

① 若夫关龙逄、王子比干、随季梁、陈泄冶、楚申胥、吴子胥，此六人者，皆疾争强谏以胜其君。言听事行，则如师徒之势；一言而不听，一事则不行，则陵其主以语，待之以其身，虽死家破，要领不属，手足异处，不难为也。如此臣者，先古圣王皆不能忍也，当今之时，将安用之？（《韩非子·说疑》）

这种人内心孤傲，骨头又硬，油盐不进，世俗的一切根本动摇不了他们，所以不能为君主所用（《韩非子·说疑》）。

忠臣与贤臣历来为人们所景仰，而韩非却对他们评价不高，认为他们不是好臣子，为什么？因为他们有自己的一套准则，与君主不能保持一致。这样的臣子本事再大，品德再高，又有什么用？那么，什么样的臣子最有价值呢？标准可以列出一大串，但首要的一条是必须具有可控性。如果有两个人才，一个品行有亏但却听话，另一个为国为民但却特立独行，君主挑选哪一个呢？前一个。所有的君主都会毫不犹豫地这样做。韩非说："君不仁，臣不忠，则可以霸王矣。"（《韩非子·六反》）

韩非的这个颠覆性观点是他的人性论或者说利益分析的结果。在他看来，君主最大的利益是称霸天下，而臣民也只有靠诱之以利才能动员起来，利益与仁义是相互排斥的，所以君主不能行仁义。臣子最大的利益是富贵，必须使他们怀着获利的愿望去为臣，他们才会心甘情愿地为君主办事，包括牺牲性命，而忠则要求不为利益所动，所以臣子不能有忠心而无利心。君主和臣子都为各自的利益去奋斗，形成的合力就是强国之力，就能傲视群雄。

争权的臣子最危险

回放

卫国国君卫嗣君看中了一个叫薄疑的人，对他说："你不要嫌我的国家小，以为不足以干一番事业，但我完全有能力满足你的愿望，赐给你上卿的爵位。"于是下令赏赐薄疑良田万顷。

薄疑说："我的母亲很看重我，认为我的能力担任大国的相国仍然有余。我家里的巫师是位姓蔡的老妇人，深受我母亲的信任，家里的什么事都要跟她商量。凭我的智慧，治理好家事毫无问题，在这方面我母亲也完全听我的，但每次跟我定下来的事，却一定还要再去征得姓蔡的老妇人的同意。"

卫嗣君看着薄疑，不知道他为什么说这些不着边际的家事。

薄疑继续说："论智慧，母亲认为我担任大国的相国仍然有余；论亲密，没有能超过母亲对儿子的爱了；然而却仍然免不了去和别人再商量。现在我与国君您之间，不存在母子亲情，而您身边又有着蔡姓老妇人那类人。君主的蔡姓老妇人，一定是那些手握重权的人，这样的人能够行私而另搞一套。行私者的所作所为是违背法令的，而我所主张的则是守法的事情。违法和守法，不共戴天，是绝不能相容的。"

原文摘要

卫嗣君谓薄疑曰："子小寡人之国以为不足仕，则寡人力能仕子，请进爵以子为上卿。”乃进田万顷。薄子曰：“疑之母亲疑，以疑为能相万乘所不窕也。然疑家巫有蔡妪者，疑母甚爱信之，属之家事焉。疑智足以信言家事，疑母尽以听疑也，然已与疑言者，亦必复决之于蔡妪也……人主之蔡妪，必其重人也。重人者，能行私者也。夫行私者，绳之外也；而疑之所言，法之内也。绳之外与法之内，仇也，不相受也。”

——《韩非子·外储说右上》

简议

薄疑为什么不愿意留在卫国做事？因为政治环境不理想，朝中有手握重权的臣子，即使卫嗣君信任他，给他最高权位，也免不了这些人的掣肘。

韩非把这样的人称为重人（重臣）。其特点是手握国家大权，钻法律的空子以谋取私利，损害国家以方便自己，其实力几乎可与君主抗衡，不仅本国的臣民要仰其鼻息，就是别国也要巴结他，弄到最后连君主也要看他脸色行事。这样的臣子对君主来说显然是一大威胁。

还有两种臣子也是危害。一种是奸臣，另一种是幸臣。奸臣有小人的脾性，最显著的特点就是顺着君主来事，干什么都有点鬼鬼祟祟的，以和君主处处保持一致来窃取信任和权力，最后操纵君主。幸臣胸无大志，手段也有些下作，无非是陪君主睡觉、吃饭和玩乐，跟玩物差不多，他们的特点就是费尽心思揣摩君主的想法，千方百计讨君主欢心，从而影响君主，目的不过是给自己捞些小利。

如果举大家熟知的例子来说明，曹操属于重臣，高俅属于奸臣，李莲英属于幸臣。这三种臣子之所以不好，就在于他们争权夺利。这种争夺若是发生在臣子中间，倒也不是什么坏事，相反更有利于君主的统治，因为他实行的是分而治之，当然事情不要闹得太大。譬如一张饼，本来就是分给大家的，人们你争我夺，最后都要来请求主人评判。然而，当臣子的争夺针对的是君主时，性质就变了。重臣与君主分庭抗礼，奸臣控制君主，幸臣影响君主，他们分享的本是君主的权力，占有的本是君主的利益，他们的所作所为极有可能导致君位丧失、国家灭亡，所以他们是坏臣子，是君主防范的重点，是一定要清除掉的。

三种人中，重臣的威胁最大，因为他不光位高权重，而且能力超群，完全具备了统治一个国家的主观条件，更可怕的是他们的名声也不坏，掌握了一定的民心。奸臣就不同了，他们人品有问题，缺少号召力，能力也不够，所以才走讨好君主的路子。幸臣的威胁最小，他们之中很少出现窃国的野心家。

所以，君主最危险的敌人就是重臣，也正因为如此，才有急流勇退之说。臣子立了大功，名声日隆，明智的做法是自动交出权力，解甲归田，退休回家，否则，君主就会找个茬子，加上个罪名，处理了你，不杀头就算厚道。因此，聪明人要钱不要权，省得主子找后账。

对付臣子的原则

回放

君主屡屡召见某人，让他长时间站在一边而不说什么，其他人以为君主布置给这个人什么特别任务，心里有鬼的人就会惴惴不安，像受了惊吓的鹿四下逃散一样不敢营私。

庞敬当县令的时候，有一次到市场去巡视。负责市场的官员和管理人一起来见他，告辞时他吩咐管理人先走，而把官员单独留下来。官员站了一些时候，庞敬并没有给他什么指示，就打发他走了。

可管理人却认为县令一定对自己不信任，私下里给官员做了安排，从此不敢做坏事。

原文摘要

数见久待而不任，奸则鹿散……

庞敬，县令也。遣市者行，而召公大夫而还之。立有间，无以诏之，卒遣行。市者以为令与公大夫有言，不相信，以至无奸。

——《韩非子·内储说上·七术》

简议

这个小故事出自《韩非子·内储说上·七术》篇中的“诡使”一节。术有技巧之意，“诡使”就是运用诈术。庞敬对付市场管理人的办法就是一种诈术。像这样的诈术韩非列举了很多，意在告诉君主，对付臣子一定要运用术。我们这里不谈具体技巧，重点谈一下君主应该从哪几个方面来掌握术，从而有效地控制臣子。

主要手段有三个，一个叫利，一个叫害，一个叫权。

先看利。所谓利，就是前面一再说到的利益诱惑。这里最关键的就是造成臣子不得不依赖君主。韩非说："驯服乌鸦的人剪断它的翅膀和尾巴上的羽毛。这样做，乌鸦就只有依靠人来获得食物，又怎么能不听话呢？英明的君主蓄养臣子也是一样，使得臣子不得不贪图君主给予的俸禄，不得不追求君主给予的名誉。贪图君主的俸禄，追求君主的名誉，怎么能不服从呢？"①剪掉乌鸦的羽毛，用在臣子身上，就是剥夺他们自己获得名利的条件，主要是通过法律、制度断绝诸如经商之类的私人活动，使他们要想得利得名，只有走为君主服务这一条道路。

其次看害。所谓害，就是用臣子畏惧的东西去节制他。人拥有了某种好东西，一定要小心翼翼地守护它，生怕丢失，这就是臣子的畏惧，怕失去这个东西。不同的人对什么是好东西有不同的理解，贤良的人、贪婪的人，以及奸邪的人就大不相同，于是就有了"质""镇""固"这三种手段（《韩非子·八经》）。

质就是质押，拿臣子的父母妻儿当人质，譬如臣子到地方做官或领兵打仗，一定要把他的至亲骨肉留在君主身边，嘴上说是方便照顾，其实是扣押。这种手段一般对付的是亲族观念和道德意识较

---

① 夫驯乌者断其下翎焉。断其下翎，则必恃人而食，焉得不驯乎？夫明主畜臣亦然，令臣不得不利君之禄，不得无服上之名。夫利君之禄，服上之名，焉得不服？（《韩非子·外储说右上》）

重的人，他们最怕的就是亲人遭难、牵连无辜。

镇就是安抚，君主赏赐给臣子高爵位和丰厚俸禄，还有大量的田产和房屋，用这些东西把臣子拴牢。这种手段一般对付的是贪心的人，他们最怕的就是失去既得的物质利益。

固就是稳定，从追查入手，对付的是那种没有多少羞耻心而又有心计的人。这样的人跟他讲亲情是没用的，丰厚的待遇也不一定能拴牢他，因为他有的是弄钱的法子，他们最怕的就是清算。他们工作中一定有不少失误，也结下了不少冤家对头，君主要注意他们平日的表现，最好一笔一笔记下来，隔三差五就敲打一顿，让他总有一种麻烦将要找上门的感觉，这样他们就会小心收敛，老实待着。

这三种办法，手段虽然不同，但效力是一样的，都是使人因为有所顾忌而听话，不老实就处罚你热爱着的亲人，剥夺你丰厚的待遇，抓住你的短处找你的后账。

再看权。所谓权就是从权力上控制臣子。有两个层面，一个是权力分配，另一个是监督考察。前面引用过韩非的话：用人就是给他权势。但韩非同时又提醒君主，以下九种事务的决定权不能交到臣子手上，它们是奏报权、财政权、发令权、施恩权、用人权、军权、城市管辖权、赏罚权、外交权。

奏报用今天的话来说就是信息，这个权力要是被臣子所掌控，君主就会变成聋子、瞎子。有钱好办事，君主没有了钱，什么都做不成，财政权也不能交给臣子。君主是一国最高权威，政令、法令、军令的发布应该出自君主，发令权是君主的。通过施恩泽笼络民心，使百姓感恩戴德，一定要由君主亲自来做。这方面有深刻教训，齐国的田氏就是用这种手段争取民心，后来竟致篡国，使齐国由吕姓变为田姓。用人权不能给臣子，因为用它可以网罗党羽，安插亲信。军权不用说了，枪杆子里面出政权，臣子的兵力超过了君主，国家就该换主人了。城市是国家的中心地区，各种势力必争之地，谁占据了地利谁就抢占了先机。赏罚权是控制臣民最重要最有效的手段，外交权是处理国家之间的关系的，这两种权力必须由君主掌管。上述九种权力是国家权力的命脉，只要它们牢牢地掌握在君主手中，就不怕用人上出现失控，因为臣子掌握的只是权力的支脉，即使他们能力再强，也翻不了天。

如果说权力分配侧重的是权，那么监督考察侧重的则是人。韩非主张，考察不是一时一世，用今天的话来说，它是全时段全方位的，从时间上看，贯穿着用人全过程，选拔任用前要进行考察，使用中也要进行考察，工作结束后还要进行考察；从空间上看，分布于各个方面，不仅要考察公务，就是私人活动也不放过。

以上就是君主控制臣子的主要手段：利、害、权。其中，利和害是从人性层面上加以牵制，而权则是从政治层面上进行制约，由此构成了一个相对完整的控制体系。其效用已被历史证实，毋庸多言。只说秦末，秦帝国的用人制度是按照法家理论制定的，秦二世时天下造反，然而有叛民却无叛官，造反的一律是老百姓，官员全都被朝廷控制得死死的，一个也动不起来。

拾得

韩非主张，“明主治吏不治民”（《韩非子·外储说右下》）。臣子和民众都是君主的统治对象，但从政治格局上说，君主是通过管理臣子而去治理民众的。君主不与民众打交道，他直接面对的是臣子。所以，君主能否处理好他与臣子的关系就成为决定统治成败的关键因素。

君主要处理好这一关系，首先必须从本质上认清他与臣子的关系。那么，他们之间的关系究竟是怎样的呢？关于这一点前文多有涉及，这里作一个简单总结。君臣关系可以用两个词来概括，一个是对立，另一个是利用。

对立主要是两个方面。

一个是利益。韩非说：“臣下与君主之间的利益是互相对立的。”为什么这样讲呢？他举例说，“君主的利益在于任用有能力的人来担当官职，而臣下的利益却在于原本无能也要得到权位；君主的利益在于把爵位和俸禄授予有功劳的人，而臣下的利益却在于即便没有功劳也要得到富贵；君主的利益在于使有能力的人发挥才干，而臣下的利益则在于通过亲朋和同伙把持朝政。”①

二是势力。韩非说：“臣子权势过大，必然改变君主的地位……

---

① 臣主之利相与异者也。何以明之哉？曰：主利在有能而任官，臣利在无能而得事；主利在有劳而爵禄，臣利在无功而富贵；主利在豪杰使能，臣利在朋党用私。（《韩非子·孤愤》）

我听说如果拥有千辆战车的君主没有戒备，拥有百辆战车的臣子一定会在他身边出现，夺走他的百姓，颠覆他的国家；如果拥有万辆战车的君主没有戒备，拥有千辆战车的臣子一定会在他身边出现，夺去他的权力，颠覆他的国家……因此诸侯过于强大，是天子的祸害；臣子过于富贵，意味着君主的衰败。将相控制君主而使自己家族兴隆的情况，君主无论如何也不能让它发生。”[①] 在势力上，君主与臣子此消彼长。韩非曾把臣子比做一棵大树，树太大就会充塞院子（国家），挤占房屋（君主），所以君主应该不断砍削枝丫，甚至挖掉树根（《韩非子·扬权》）。

既然君主与臣子从根本上就是相互对立的，那么他们又为什么能够在一起共事呢？因为互相利用。君主只有通过臣子才能实现对民众的统治，才能完成称王天下的大业；臣子只有通过君主，才能获得爵位、官职、俸禄和声誉。

由于君主与臣子之间是对立的、相互利用的，就不存在着君主对臣子的关爱，不存在着臣子对君主的忠诚。对此韩非讲得很明确：“君臣的利益不同，所以臣子没有忠心的。”[②] 如果一个君主去关爱臣子，一个臣子去对君主尽忠，肯定是假装出来的，背后一定隐藏着不可告人的目的，也许是君主要臣子出死力，也许是臣子想得到

---

① 人臣太贵，必易主位……臣闻千乘之君无备，必有百乘之臣在其侧，以徒其民而倾其国；万乘之君无备，必有千乘之家在其侧，以徒其威而倾其国……是故诸侯之博大，天子之害也；群臣之太富，君主之败也。将相之管主而隆家，此君人者所外也。（《韩非子·爱臣》）

② 君臣之利异，故人臣莫忠。（《韩非子·内储说下·六微》）

更多的赏赐和更大的名声。

这种关系决定了双方没有真正的信任，始终处在一种相互戒备、刺探、验证、限制的情境中。本篇谈到的君主控制臣子的主要原则利、害、权，就是君主在这种境况下采取的措施。臣子对付君主也有种种手段，譬如试探。韩非讲过这样一件事：齐国国君齐威王的夫人死了，齐威王宠爱的妃子有十位，为了摸清齐威王打算立哪位妃子为夫人，相国田婴便制作了十副玉珥，其中一副与众不同，格外精美，一起献给齐威王。齐威王把它们分送给十位妃子。然后田婴打听，哪位妃子耳朵上戴的是那副精美玉珥。得到消息后，便奏请国君立她为夫人，从而加强自己的地位（《韩非子·外储说右上》）。

君臣之间的这种关系，让人想起英国思想家霍布斯（1588～1679）那句名言："人与人之间是狼。"尽管很残酷，但事实就是这样。

民 众

君主的统治最后要落实在民众上面，
所以必须对民众有一个基本认识。
那么，在君主眼中，民众是怎样的呢？

良 民

回 放

越王勾践看见在他车子的前面伏着一只青蛙，它的肚子胀鼓鼓的，一副怒气冲天的样子，勾践便把头靠在车厢前面的横木上行礼。

驾车的人问："为什么向青蛙敬礼？"

勾践说："青蛙有如此气概，难道不该向它致敬吗？"

士人们听到了这件事，说："就连有气概的青蛙，都能赢得越王的尊敬，更何况勇敢的人呢？"结果这一年，民众中就有自刭（jǐng）而死而把头颅献给越王的人。

越王想检验一下这样的激励能否用在向吴国复仇上面。他让人放火焚烧高台，然后击鼓命令人们前进，宣布冲进火里的人给予赏赐；又面向大江击鼓，命令人们前进，宣布冲进水里的人给予赏赐。人们无不奋勇当先。越王心里有了底，知道这些人一旦上了战场，即使断头剖腹也绝不后悔，因为可以得到赏赐。

原文摘要

越王勾践见怒蛙而式之。御者曰："何为式？"王曰："蛙有气如此，可无为式乎？"士人闻之曰："蛙有气，王犹为式，况士人有勇者乎！"是岁，人有自刭死以其头献者。故越王将复吴而试其教：燔台而鼓之，使民赴火者，赏在火也；临江而鼓之，使人赴水者，赏在水也；临战而使人绝头刳腹而无顾心者，赏在兵也。

——《韩非子·内储说上·七术》

简议

什么是君主眼中的好百姓？看看这个故事就清楚了。他们必须听话，对赏赐动心，从而能够供君主所驱使。

在韩非看来，有六种人可以称得上是良民。他们是：第一，“勇赴国难、忠诚献身、为节操而死的民众”，称为“死节之民”。第二，“孤陋寡闻、服从命令、唯法为上的民众”，称为“全法之民”。第三，“努力耕作、自食其力、创造财富的民众”，称为“生利之民”。第四，“善良厚道、单纯质朴、品德端正的民众”，称为“整谷之民”（谷是善良的意思）。第五，“重视命令、谨慎从事、尊崇君主的民众”，称为“尊上之民”。第六，“打击坏人、告发坏事、使君主明察的民众”，称为“明上之民”[①]。

这六种人各有所长。第一种人忠诚爱国，富于献身精神，为了君王和国家可以去死。第二种人没有什么见识，也不懂多少大道理，一切按照上头命令去做，心中只有法令。第三种人是国家财富的生产者，他们就知道闷头干活，养家糊口。第四种人在道德上比较突出，淳朴厚道，老实巴交。第五种人关心国家大事，但行动谨慎，决不自作主张，一切唯君主之命是从。第六种人社会责任心很强，

---

① 赴险殉诚，死节之民……寡闻从令，全法之民……力作而食，生利之民……嘉厚纯粹，整谷之民……重命畏事，尊上之民……挫贼遏奸，明上之民。（《韩非子·六反》）

喜欢管点儿闲事，抓个坏人打个小报告什么的，使君主能够随时掌握敌对势力的情况。

换成现代语言来说，第一种人满腔热情，一遇鼓动就热血沸腾，是积极分子，最适于当排头兵，有个什么新部署，先把他们发动起来，带动大家往前冲；这种人具有一往无前的精神，连死都不怕就没什么可怕的了，好使。第二种人头脑简单，见识短浅，胆小怕事，这也没什么不好，至少他们不敢干坏事，更不敢犯上作乱；他们把守法作为最高生活准则，虽然落后、麻木，但只要有命令，就会跟在后面，对君主来说也还不错。第三种人是老黄牛，吃的是草挤出来的是奶，除了干活、吃饭和睡觉，没有更多的奢望，是最具奉献的一族，绝不可以缺少。如果说第三种人的贡献是物质上的，那么第四种人的贡献主要就是精神上的。这种人正派善良，起着道德示范作用，他们用不着开口说话，所作所为潜移默化地影响着民风。家庭和睦、社会安定很大程度上靠的就是这样的人，所以也是君主不可缺少的。第五种人与第一种人可以形成互补，他们也具有政治气质，但比较冷静，遇事思前想后，行动虽然迟缓，但不像第一种人那样容易捅娄子，行动中经常停下来瞧瞧君主的脸色，他们也符合君主需要。第六种人适合充当君主的鹰犬和耳目，是君主打击敌对势力的民间帮手。

这样的民众可以被君主所用，自然是好民众。这是从君主的角度来看，但换个角度，评价就相反了。韩非写道，按照社会的观点，“死节之民”被讥为“失计之民”，所谓的缺少心眼，连账都算不过来；“全法之民”被贬为“朴陋之民”，也就是思想简单，一根筋；

“生利之民”被笑为“寡能之民”，也就是什么本事都没有，就知道受苦；“整谷之民”被讽为“愚憨之民”，也就是呆头呆脑，顽固不化；“尊上之民”被视为“怯慑之民”，也就是胆小怕事，窝囊废；“明上之民”被斥为“谄谗之民”，也就是马屁精，打小报告（《韩非子·六反》）。在这里，好坏混淆，是非颠倒，这就叫“反”，所以韩非把这一篇题为“六反”。

奸 民

回放

齐宣王喜欢听竽的演奏，叫人吹竽，每次一定要三百人集合在一起吹。

南郭处士请求参加演奏，齐宣王很是高兴，就答应下来，发给他的俸禄跟那几百人的一样。

齐宣王死了，他的儿子齐湣王继位。齐湣王和父亲一样喜欢听竽的演奏，但要一个一个地单独欣赏，于是，本来就不会吹竽的南郭处士溜掉了。

原文摘要

齐宣王使人吹竽，必三百人。南郭处士请为王吹竽，宣王说之，廪食以数百人。宣王死，湣王立，好一一听之，处士逃。

——《韩非子·内储说上》

简议

南郭处士是个混饭吃的人，对国家一点儿用也没有，属于奸民行列。按韩非的分法，这样的人叫“牟食之民”。

与良民相对应，韩非将奸民也分为六种：第一，“贪生怕死、逃避危难、败逃投敌的人”，称为“降北之民”。第二，“钻研仁术、建立学说、触犯法令的人”，称为“离法之民”。第三，“游手好闲、多吃多占、不劳而获的人”，称为“牟食之民”。第四，“满嘴歪理、玩弄智巧、虚伪诡诈的人”，称为“伪诈之民”。第五，“行刺暗杀、夺命复仇、残忍凶暴的人”，称为“暴憿（jiǎo）之民”。第六，“包庇坏人、隐瞒坏事、应当处死的人”，称为“当死之民”[①]。

第一种“降北之民”，这种人把性命看得比什么都贵重，绝不会勇赴国难，只要敌人一来，为了活命，必当叛徒。第二种“离法之民”，这种人眼中没有国家法令，一心钻研异端邪说，总想另立一套，与国家意识形态分庭抗礼。第三种“牟食之民”，游手好闲，巧取豪夺，自己不创造财富，专吃别人的。第四种“伪诈之民”，品行不端，为人不实，对阴谋诡计有浓厚兴趣。第五种“暴憿之民”，暴戾成性，心存侥幸，常常铤而走险，为报私仇不惜杀人。第六种“当死之民”，是应该处死的人，他们心中根本没有君主，与坏人坏事同流合污。这六种人破坏着国家的团结统一和社会的安定和谐，是富国强兵的大敌，不能为君主所用。

套用今天的话，第一种人就是极端自私自利者，将自我凌驾于国家、集体、组织之上，一事当前，先替自己打算，丝毫不考虑别人，让他们为组织或别人做点牺牲，比登天还难；处处把自己跟集体对立起来，根本不懂得自我利益是与群体利益捆绑在一起的。由于认识不到这一点，他们即使再精明，也就挣个仨瓜俩枣，心中难免不平，态度更加敌对。第二种人是思想混乱制造者，无实事求是

---

① 畏死远难，降北之民……学道立方，离法之民……游居厚养，牟食之民……语曲牟知，伪诈之民……行剑攻杀，暴憿之民……活贼匿奸，当死之民。（《韩非子·六反》）

之心，有哗众取宠之意，净发表一些不负责任的言论；也有可能接受了某种势力的好处，摇唇鼓舌，颠倒黑白，影响或操纵舆论。第三种人俗称二流子，混一些的就叫青皮、地棍、混混、流氓，这些人属于寄生阶层，好吃懒做，靠投机取巧或敲诈勒索过日子，是黑社会的基础。第四种人属于偷奸耍滑之徒，头脑活泛，鬼点子多，口舌伶俐，爱钻个空子什么的，让人防不胜防；他们总想少付多得，干什么都要讨些便宜，而且总有一套歪理。最糟糕的是他们没有多少道德意识，做了坏事毫不脸红，所以会一直做下去。第五种人可以划入暴徒行列，有暴力倾向，拿生命和身体不当回事，无论是自己的还是别人的；他们崇尚武力，残暴凶狠，动辄武力解决问题；其可怕之处在于他们就没有什么可怕的，规章、法律等约束对他们根本无效。第六种人是敌对分子，其价值观念完全颠倒，自觉地站在社会的对立面上，所以凡是社会反对的，他们就支持，坏人坏事自然被其引为同道。

与对良民的评价一样，在奸民问题上也有完全相反的看法，君主所反对的，正是社会所肯定的。韩非写道，“降北之民”被世俗观点尊为“贵生之士”，也就是珍惜生命的人；“离法之民”被誉为“文学之士”，也就是通晓经典文献的人；“牟食之民”被称为“有能之士”，也就是有本事的人；“伪诈之民”被赞为“辩智之士”，也就是机智善辩的人；“暴傲之民”被夸为“磏（lián）勇之士”，也就是有棱角而勇敢的人；“当死之民”被颂为“任誉之士”，也就是重情重义的人（《韩非子·六反》）。利益不同，价值标准不同，评价自然也就不同。

对民众的态度

回放

齐桓公喝醉了酒，把帽子丢了。他认为这是耻辱，三天没有上朝。

管仲说：“不错，这的确是做国君的羞耻。可是您为什么不通过搞好政务来洗刷耻辱呢？”

齐桓公一下子振作起来，说：“你的建议太好了！”于是，便下令打开仓库，把粮食分发给贫穷百姓；又命人核查监狱中的犯人，罪过轻的马上放掉。过了三天，大街小巷到处传唱：“桓公啊，您怎么不再丢失帽子了呢？”

齐桓公这样做，洗刷了耻辱吗？

如果齐桓公开仓放粮、救济贫困、核查罪犯、释放罪过轻的人，是不符合道义的话，那么此举就不能洗刷耻辱；如果是符合道义的话，那么这一举措就应该及早实施，而不应该等到丢失了帽子以后才去兑现，因此这种做法不能洗刷耻辱。

况且，开仓把粮食发放给贫困百姓，实际上是在奖赏没有功劳的人；核查狱情释放罪过轻的犯人，实际上是不惩罚犯罪分子。赏赐没有功劳的人，民众就会滋长侥幸心理，希望从君主那里得到分外好处；不惩罚犯罪的人，民众就会轻视法令，容易为非作歹。可见，这种做法是国家混乱的根源，怎么能够洗刷耻辱呢？

原文摘要

齐桓公饮酒醉，遗其冠，耻之，三日不朝……因发仓囷（qūn），赐贫穷；论囹圄（líng yǔ），出薄罪。处三日而民歌之曰："公胡不复遗冠乎！"……使桓公发仓囷而赐贫穷，论囹圄而出薄罪，非义也，不可以雪耻；使之而义也，桓公宿义，须遗冠而后行之，则是桓公行义，非为遗冠也……且夫发仓囷而赐贫穷者，是赏无功也；论囹圄而出薄罪者，是不诛过也。夫赏无功，则民偷幸而望于上；不诛过，则民不惩而易为非。此乱之本也，安可以雪耻哉？

——《韩非子·难二》

简议

有人说，法家刻薄寡恩，韩非对齐桓公做法的评论，反映了法家的这个特点。其实，这不是一个单纯的恩典问题，也不是君主的个人名声问题，而是一个政治问题。正如本文中韩非说的那样，齐桓公的做法有着太多的个人随意性，将会导致国家的混乱。

为什么这样讲呢？针对有人主张国家把土地分给穷人耕种从而使他们富裕起来的观点，韩非说，在年景和条件一样的情况下，有人能够做到自给自足，这不是因为他辛勤劳作就是因为他省吃俭用；而有的人并没有生病或者遭遇祸害、官司，但却陷入贫困，不是由于他好逸恶劳就是由于他奢侈浪费。所以这些人的主张无疑是强行夺取勤劳节俭人家的财产，分给懒惰奢侈的人家。这样下去，谁还去努力耕作、节约物用呢？（《韩非子·显学》）同样的道理，对犯罪的人开恩，也就不会再有人去老老实实地遵守法令了。所以实施恩典意味着国家混乱的开始。

为了避免这一点，法家甚至提倡绝不向弱势群体伸出援助之手。韩非讲过这样一件事：秦国发生了饥荒，丞相范雎（jū）请求国君秦昭襄王开放王家园林五苑，那里有许多蔬菜、橡果、枣子和栗子，可以养活不少百姓。秦昭襄王一口拒绝了。他的理由是，秦国的法律是使有功的人受赏，使有罪的人受罚。而发放五苑的蔬菜果实，是让有功的人和无功的人共同受赏。这必然造成国家的混乱。与其如此，还不如使这些蔬菜果实烂掉！让那些百姓死掉！（《韩非子·外储说右下》）出于政治考虑，竟然无情到如此地步，可见国家利益在法家心目中的地位了。

在法家那里，民众的生活水平或者说贫富问题是与国策紧密相连的。法家主张让两种人富裕起来，一种是农民，一种是士兵，因为他们是推行耕战以强国的根本；主张让商人、手工业者、艺人、知识分子等群体贫穷，因为这些人的富裕会起到坏榜样的作用，使农民和士兵认为不必好好种地、不必好好打仗也可以过上好日子，从而动摇耕战方针的实施（《商君书·农战第三》《韩非子·诡使》）。

为此，商鞅提出了这样一条治国措施，使贫穷的变富裕，使富裕的变贫穷。具体说，就是对穷人使用刑罚，迫使他们去种田来增加收入，变得富裕起来；对富裕人用鼓励买官的办法，使他们减少财富，就此贫穷下去。商鞅说："贫困的人富裕起来，国家就会强大；富裕的人贫穷下去，农民、官吏、商人这三种职业就不会发生虱子那样的危害。国家保持长时间的强大，又没有虱子那样的危害，就一定能够称王天下。”[①] 虱害是形象说法，与韩非说的国家蛀虫一个意思。为什么富裕就会发生虱害？这里最主要的原因是，富裕的人不需要国家的奖赏，难为君主所用。

所以，法家宁肯民众贫困。商鞅说：“民众贫穷，则看重奖赏……用奖赏激励民众上战场，他们就会把生命置之度外。”[②] 他主张民众家里不储存粮食，而把粮食收上来放在国家的仓库里面，这样才更有利于调动民众。就连比较温和的管仲，也认为“民富则不如贫”（《管子·山权数》）。他说：“国家有十年的粮食积蓄，而民众的粮食不足以糊口，那么民众就都会以自己的技能来为君主服务，希望能换回俸禄。君主有经营盐和铁的收入，而民众的资料不足以日用，那么民众就会使自己的工作依附于君主，希望能得到报酬。所以，君主控制了粮食，掌握了资源，就可以依据国家的富裕来驾驭民间的贫穷。由此一来，民众也就不得不依赖君主。五谷粮食，乃是民众的命根子。黄金货币，乃是能换取资料的通货。所以善于治国的人掌握通货以控制民众的命根子，就可以获得民力并且充分地运用它。”[③]

法家关于君主对民众的态度可以概括为九个字：不施恩，不同情，不富民。

---

① 贫者富，国强；富者贫，三官无虱。国久强而无虱者，必王。（《商君书·说民第五》）

② 贫则重赏……以赏战，民则轻死。（《商君书·弱民第二十》）

③ 国有十年之蓄，而民不足于食，皆以其技能望君之禄也。君有山海之金，而民不足于用，是皆以其事业交接于君上也。故人君挟其食，守其用，据有余而制不足。故民无不累于上也。五谷食米，民之司命也。黄金刀币，民之通施也。故善者执其通施以御其司命，故民力可得而尽也。（《管子·国蓄》）

拾得

法家对民众的苛刻态度，与儒家关于爱民、顺应民心、以民为本的主张形成了鲜明对照。不能说法家敌视民众，但说他们蔑视民众是一点也不冤枉的。奉行法家思想的秦国统一天下后，颁布了一道命令，“更名民曰‘黔首’。”（《史记·秦始皇本纪》）黔是黑色，首是头，意思是黑脸，民众整日劳作受苦，脸色自然黑一些。这个词的颁布，当属统一书写（“书同文”）这个文化措施的范围。此前各国对民众的称呼不一样，现在统一了，一律叫“黔首”。用这样一个字眼来表示自己的人民，恐怕是空前绝后。是的，在法家那里，只有国家的利益、君主的统治，民众的唯一价值就是充当富国强兵的工具，有关民众的观念、政策、措施，都是围绕如何使民众绝对服从而展开的，不要说“黔首”了，就是用再贬义的字眼也毫不奇怪。

站在这样的立场上看待民众，当然不可能像儒家那样提倡施仁政。前面在谈到君主的品质时，我们说过，法家主张君主一定要具备铁石心肠，绝不能心慈手软，其实，这不仅是一种个人品性，也是一个执政原则。

那么，在法家看来，为什么不能施仁政？

首先，民众与国家本质上是对立的。上面说的民众富裕则国家被动，反映的就是这一点。商鞅这样概括民众与国家的关系：“民弱国强，民强国弱。”（《商君书·弱民第二十》）民众与国家，此消彼长。民众希望自己富裕并且有地位，也就是要求自己的力量大，如果君主出于关爱，助长他们的强大，到头来民众就会不服从君主的统治，不好好种田和当兵，国家势必走向衰落。这就是说，实行仁政是搬起石头砸自己的脚，培养和壮大国家的对立面。所以商鞅主张用削弱民众的政策来治理民众，认为这样君主才能成就王业。

为了削弱民众，商鞅甚至想出了任用奸人也就是品质恶劣的人来治理民众的法子。君主不直接面对民众，他是通过人来管人的。如果管人的人譬如伍长、什长或骨干之类，是一些善良人，那就可能因为同情或有亲戚关系而与百姓串通，互相掩盖过失，但奸人就不同了，他们巴不得别人倒霉，把告密当作发财的机会，所以他们得志，民众就会小心谨慎，不敢越雷池半步（《商君书·说民第五》）。

其次，仁政不能治民。通过关爱，能使百姓听话吗？韩非举例说，有一个孩子不走正道，父母发怒，他毫不在乎；邻居看不惯，帮着管，他全当耳边风；老师最有威信，按理说应该有点效果，不想他连老师也不放在眼里，根本无动于衷。父母的慈爱、乡邻的品德、老师的智慧，这三种美好的东西加在一起，竟然拿他一点办法也没有。好了，现在官吏来了，他手持官府的兵器，带着国家法令，到他家里来搜捕坏人。怎么样？他吓得乖乖的，改正了自己的坏毛病，从此走上了正路。所以，父母的慈爱是不能够教育好孩子的，要依靠官府以严厉的刑罚进行威慑。这就是民众，受到慈爱就骄纵，见到威势就屈服，历来如此（《韩非子·五蠹》）。

再次，仁政并不能给民众带来实际利益。当前民众最急迫的事情是吃饭和穿衣，而那些主张以德治国的人不是去关注民生，而是整天用一套深奥玄妙的言辞去谈论空洞的问题。连糟糠都吃不饱的人不会去追求精美的饭食，连粗布短衫都穿得破烂不全的人不会去奢望带刺绣的华丽衣服。仁义道德不能当饭吃、当衣穿。

以上就是法家反对仁政的理由。在他们那里，只有不讲情义的政治才是好政治。他们强调，不顺从民心、不迎合民众欲望，正是为了实现民众的根本利益。诱之以利，是为了鼓励人们建功立业；威之以刑，是为了让大家守法。人们建功立业，国家就会强大；大家守法，社会就能安宁。所以对民众无情无义恰恰是爱护民众（《韩非子·心度》）。

法家关于无情的主张与道家思想颇为接近。老子说："天地不仁，以万物为刍狗；圣人不仁，以百姓为刍狗。"（《老子·第五章》）天地是无所谓仁爱的，把万物看成如同草扎的狗；圣人也无所谓仁爱，把百姓看成如同草扎的狗。不仁爱既是天道又是人道，所以老子主张人间要"绝仁弃义"（《老子·第十九章》）。庄子也说"至仁无亲"（《庄子·天运》），仁的最高境界就是无爱。道家这样讲，意在突出公正，希望统治者能以平等、无私的态度对待所有的人，也有无为的意思在里面，认为关爱纯属多余。可以说，法家与道家在否定仁政上完全一致，但二者目的有所不同，道家要达到的是统治者对民众的不干预，而法家所做的则是为法治也就是统治者的强制干预开辟道路。

法家反对仁政，但不等于不谈仁义。他们对仁义有着自己的理解。韩非这样解释：“所谓仁义，就是忧虑天下的祸害，奔赴国家的患难，而不顾及自己卑微的地位和屈辱的待遇，这才称得上是仁义。”[1]不计较个人处境而为国家出力，就达到了仁义。这里，仁义已经没有了关爱的内核和道义的前提，而成为一种单纯的符合国家需要的行为。

法家的上述思想是很难让现代人接受的，然而它却真实地表达了封建制度下阶级统治的本质，即剥削和压迫。在那个时代，富于人情味的仁政不能说没有，但终究是奢侈品，表现为一种施舍或者治理手段，背后仍然是君主和统治阶级的利益，当然民众的日子会好过一些。民众最苦的就是生活在奉行法家思想的君主的统治下，比如秦帝国。

其实，君主的日子也好过不到哪儿去。为什么这样说呢？因为他把自己完全摆在臣民的对立面上，一方面要用术来对付官吏，另一方面要用法来对付百姓。

---

① 夫仁义者，忧天下之害，趋一国之患，不避卑辱，谓之仁义。（《韩非子·难一》）

法治与赏罚

FA ZHI YU SHANG FA

要 义

以法治国就是以法为根本，合法的就实行，不合法的就取消。法治着眼的是制止人们做坏事，与恶的人性是对立的，所以必须依靠赏罚开辟道路。赏罚的基本原则是从重，以刑罚为主，以奖赏为辅。

中华优秀传统文化是什么

法家第一课

法 治

法家以法为名称，
足见法在法家思想中的重要性。
那么，法家是如何看待法的呢？

法治的必然性

回放

随着天地的形成，人类也跟着产生了。最初，人们只知道自己的母亲，却不知道父亲是谁，那时通行的原则是热爱自己的亲人，追求私人利益。热爱自己的亲人，人与人之间就会产生亲近和疏远；追求私人利益，就会心存邪恶。关系疏远而又心存邪恶，社会一定陷于混乱，人人都要想方设法地制服对方，竭尽全力地占有财富。

要制服对方就会发生争斗，要占有财富就会发生争执。发生了争执又没有一个正确的准则进行裁决，民众就不能正常地生活下去。这种情况下，贤人站出来了，为大家树立了公正的准则，倡导无私，而民众则接受了仁爱的准则。于是，人们只是热爱自己的亲人的意识被改变了，服从贤人的思想确立起来。凡是主张仁德的人，都把关爱别人作为自己的本分，而贤人也把举荐德才兼备的人来管理大家作为惯例。

然而，问题又出来了。由于人口增加，财富有限，而缺少必要的制度，长期依靠贤人管理，社会难以避免混乱。这时，圣人站出来了，顺应社会发展要求，明确了有关土地、财物、男女的归属权。但光有名分不行，还必须有相应的制度来保证，由此便制定了法令。但光有法令不够，还必须有执行法令的人来进行管理，由此便设置了官吏。但光有官吏不够，还必须有人来统一领导，由此便设立了君主。

原文摘要

天地设而民生之。当此之时也，民知其母而不知其父，其道亲亲而爱私。亲亲则别，爱私则险。民众，而以别、险为务，则民乱。当此时也，民务胜而力征。务胜则争，力征则讼。讼而无正，则莫得其性也。故贤者立中正，设无私，而民说仁。当此时也，亲亲废，上贤立矣。凡仁者，以爱为务，而贤者，以相出为道。民众而无制，久而相出为道，则有乱。故圣人承之，作为土地、货财、男女之分。分定而无制，不可，故立禁；禁止而莫之司，不可，故立官；官设而莫之一，不可，故立君。

——《商君书·开塞第七》

简议

以上是商鞅为我们概括的法治发生史，它是在贤人治理进行不下去的时候出现的，是社会发展到一定阶段的产物，所以有其历史必然性。

什么是法？管仲说：“法者，天下之程式也，万事之仪表也。”（《管子·明法解》）意思是，法这种东西，是天下所有人都必须遵循的规则，是衡量人们所作所为的准绳。他曾经把法形象地称为量长短的尺寸、测容积的斗斛（hú）（《管子·七法》），强调的就是这个意思。

韩非讲得更具体一些。他说：“法这种东西，就是由官府编写的典章制度，刑罚在民众心中扎根，对守法的人给予奖赏，对犯法的人加以惩罚。”[①] 这里明确了三点：一是具有权威性，它出自官府；二是具有公开性，官府将它昭告天下，使全国人民都知道；三是具有强制性，对不服从法令的给予惩罚。

综合以上说法，可以这样理解，在法家看来，法是由国家制定的由文字来表述的人人都必须遵守的规则，它公布于全国，以赏罚为手段强制国民服从。

那么，人们为什么要制定法呢？管仲这样说：“按照法来办事，天下就有秩序，法是天下的准则，是用来解决疑难判明是非的，百姓的命运系于法。”[②] 话说得简单，但概括了法的基本功能，即维持秩序，解决争端，安定民众。

法不是可有可无的东西，其必然性除了可以从历史起源方面说明外，还有着人性方面的根源。

在法家那里，人性被理解为自私自利，这就意味着运用道德和教育来引导民众是不能够从根本上解决问题的，因为道德要求的是同情和自我牺牲，这与自私自利的人性完全相互排斥。而法则不同，它是针对这种人性所采取的对策。

之所以这样讲，主要表现为两个侧面。一个侧面是，法顺从人性。管仲说：“凡人之情，得所欲则乐，逢所恶则忧，此贵贱之所同有也。”（《管子·禁藏》）满足了要求就高兴，碰上了厌恶的

---

① 法者，宪令著于官府，刑罚必于民心，赏存乎慎法，而刑加乎奸令者也。（《韩非子·定法》）

② 夫法法则治，法者天下之仪也，所以决疑而明是非也，百姓所县命也。（《管子·禁藏》）

事情就忧愁，这是人之常情，无论是社会地位高的人还是社会地位低的人都一样。而法所允许、鼓励大家做的，往往是人们所希望的，譬如立功受奖；禁止、限制大家做的，往往是人们所厌恶的，譬如偷盗。

另一个侧面，法又以赏罚来制约人性。管仲说：“民，利之则来，害之则去。”（《管子·形势解》）趋利避害是人的本能，一个重要表现就是追求奖赏而躲避刑罚。法充分利用这一点，以爵位、利禄来诱导民众，以刑罚来威慑民众（《管子·明法解》）。使他们为了得到官爵和利禄按照法令的要求去做，甚至在战场上拼命，拿自己最大的利（生命）当赌注；同时，为了不被惩罚和判刑，严格遵守法令，即使利益唾手可得也不敢伸手。

法的必然性还有着管理方面的依据。国家是一个共同体，有自己的利益，而每个人也都有各自的利益，人们为了实现自己的利益，就会侵犯他人以及国家利益。如何维护众人的利益？这就必须要有法。韩非认为，法律政令是从国家利益出发的，适用于所有人，这就是法的为公的性质，决定了它是排斥个人的私自打算和行为的。所以，法令一旦推行，个人活动就被纳入了法制轨道，私家活动就被废止了（《韩非子·诡使》）。这就是说，只要存在着治理国家的事务，就一定要有法。

总之，法治有着历史、人性、管理方面的根源，它的实行是必然的。

法治的益处

回放

古时候，历山一带的人相互侵占田界，舜到那里去耕田，结果一年后田界就恢复正常了。黄河边上的打鱼人相互争夺水中的高地，舜到那里去打鱼，一年后大家就谦让年长的人了。东方的夷人制造出的陶器不结实，舜到那里去制造陶器，一年后制出的陶器就耐用了。

孔子对此赞叹道："种地、打鱼、制造陶器本来不是舜的职责，但他却亲自去做，是为了拯救败坏了的风气，舜确实是真正的仁厚啊！以亲身示范而为民众做出榜样。所以说：圣人的品德能够感化人啊！"

风气不好，舜亲自去纠正，一年纠正一个错误，三年纠正了三个错误。然而，像舜那样品德高尚的人是有限的，同时人的寿命也是有限的，但天下很大，错误又时常出现，以有数的贤人以及有限的生命去应对不断发生的错误，纠正得过来吗？

赏罚才能收到雷厉风行的效果，如果颁布法令说：按照法律规定去做的奖赏，违背法律规定的受罚。那么，法令早晨下达，到了傍晚错误就能够被纠正；法令傍晚下达，到了第二天早晨错误就能够被纠正；到了十天头上，全国范围内都会被改变，哪里用得着等上一年？舜不是用法令使天下人顺从自己，而是亲自去操劳，这不是缺少治理办法吗？况且，以自身受苦来感化民众，就是尧和舜那样的君主也难以坚持下来，而以法纠正民众，就是平庸的君主也容易做到。现在却放弃平庸的君主都能够成功的方法，偏偏采用尧和舜都难以实行的方法，是不能治理好国家的。

原文摘要

历山之农侵畔，舜往耕焉，期年，甽（zhèn）亩正。河滨之渔者争坻（chí），舜往渔焉，期年而让长。东夷之陶者器苦窳（yǔ），舜往陶焉，期年而器牢。仲尼叹曰："耕、渔与陶，非舜官也，而舜往为之者，所以救败也。舜其信仁乎！乃躬藉处苦而民从之。故曰：圣人之德化乎！"

……舜救败，期年已一过，三年已三过。舜有尽，寿有尽，天下过无以已者；以有尽逐无已，所止者寡矣。赏罚使天下必行之，令曰：中程者赏，弗中程者诛。令朝至暮变，暮至朝变，十日而海内毕矣，奚待期年……

——《韩非子·难一》

简议

舜的做法是典型的以德治国，走的是一条以身作则的路子。哪里有问题他就出现在哪里，靠着自己的道德示范作用教育大家，启发民众的善心，端正社会风气。引得孔子连连感慨，大加赞赏。然而韩非却大不以为然。在他看来，这是一种苦办法、笨办法，不仅没有效率，而且缺少可操作性。所以韩非认为，推行德治是根本不现实的，唯一可行的是法治。韩非说："治国的最高明原则，是使用法术而不是依靠人。”[①]什么是使用法术而不依靠人？管仲说：“以法治国，则举措而已。”（《管子·明法》）《韩非子·有度》中引用了这句话。意思是合法的就实行，不合法的就取消，一切取决于法度，这就叫以法治国，也就是使用法术而不依靠人。

那么，实行法治有哪些好处呢？除了上文中涉及的高效率外，主要有以下几点。

第一，加强君主的权威，突出王权。韩非说，法律严明，君主就会得到尊重而不遭到侵犯；君主得到尊重而不遭到侵犯，就能够强有力地掌握治国的关键（《韩非子·有度》）。为什么这样说呢？因为法出自官府，这就意味着法体现的是君主的意志，因为他是官府的最终代表，所以法不过是以文字的形式固定下来的君主意志罢了。由此可以说，法制是君主权力或者君主统治的规范化和普遍化，它通过发布于民众，以人人都守法这种方式使君主权威无处不在。

第二，限制臣子。在韩非看来，朝廷中很难找到打心眼里听从君主的臣子，因为大家都怀有私心。朝廷中没有尊君治国的臣子，不是因为缺少臣子。豪门世家谋取私利，不去做有益于国家的事；大臣们相互标榜，不去尊崇君主；小臣用俸禄相互结交，不把分内工作放在心上。为什么会出现这样的情况呢？就是因为君主不依靠法来治理，而是放任自流。一旦实行了法治，臣子的全部活动就纳入了法的框架，使他们不能也不敢去以公谋私，另搞一套，不管心里怎么想，行动上只能照章办事（《韩非子·有度》）。

---

① 夫治法之至明者，任数不任人。（《韩非子·制分》）

臣子受到的制约不仅来自君主，还来自民众。管仲说，因为有了法这个标准，民众可以判断官吏的命令是否合法，合法的就服从，不合法的就抗拒，由此形成了对官吏的牵制，使得奸诈的臣子不敢欺骗君主，即便在远离君主千里之外，也不能另搞一套（《管子·明法解》）。

第三，治服民众。这一点前面在谈法的人性论根源时已经涉及了。基本意思是法律规定的奖赏可以调动百姓建功立业，法律规定的刑罚可以阻止百姓犯上作乱，从而老老实实地被君主所役使。

第四，强国。韩非指出，国家没有永远强大的，也没有永远衰弱的。君主实行法治坚决有力，国家就强盛；君主不实行法治或者三心二意，国家就衰落（《韩非子·有度》）。他举例说明，当燕国坚持《奉法》之典的时候，向东吞并齐国的土地收为自己的郡县，向南灭掉了中山国；然而后来废弃了《奉法》之典，兵力变得弱小，土地遭到侵削，反而被邻国控制了（《韩非子·饰邪》）。

第五，实现无为而治。法治的推行，使臣子、民众做着各自应该做的事情，不敢做不该做的事情，使国家在法制的轨道上运转。这时候君主就轻松了，他舒舒服服地坐在床上，听着弦乐器和管乐器演奏出的美妙音乐，国家就达到大治了（《商君书·画策》）。

由于实行法治有种种好处，韩非说：“故先王以道为常，以法为本。”（《韩非子·饰邪》）这里，韩非把法与“道”相联系，法也就有了治国之道的意义。道的本意是道路，这句话可以这样说，先前的圣王将“道”视为不变的原则，反映在治国上，就是一定要走法治的道路。

法的时代性

回放

秦国的国君秦孝公与公孙鞅、甘龙、杜挚三位大臣商议国是。公孙鞅就是商鞅，当时他还没有受封于商地，所以还不能称商君。

秦孝公说：“我想变更法度、改变礼制，但又怕引来非议。”

公孙鞅说：“具有超凡能力的人本来就会引起非议，具有超常见识的人一定会遭到嘲讽。对于民众是不可以同他们讨论创新事业的，只能与他们一起庆祝事业的成功，所以根本不必在意世俗偏见。法度是用来表示爱民的，礼制是用来方便办事的，圣明的君主治理国家，只要能给民众带来好处，就不必沿用原来的法度，只要能使国家富强，就不必遵循原来的礼制。”

“好！”秦孝公说。

“不对！”甘龙说，“顺应原来的习俗对民众实施教化，不用费力就能收到效果；按照原来的法度进行治理，官吏熟悉规矩，民众也很习惯。”

公孙鞅反驳道：“夏、商、周这三个朝代，实行的礼制各不相同，但都能称王天下；春秋时期的五霸，采用的法度各不相同，但都能称霸诸侯。所以有智慧的人创立法度，愚蠢的人受制于法度；贤能的人变革礼制，无能的人受制于礼制。”

杜挚站在甘龙一边，说：“沿袭古代法度没有什么过错，遵循原来的礼制也没有什么不对，请国君慎重。”

公孙鞅问："以前朝代的大政方针各不相同，效法哪个朝代呢？古代帝王的法度根本没有相互沿袭，又有什么礼制可以遵循呢？先前的圣王都是顺应时势建立法度的，根据国家的具体情况制定礼制的，所以治理国家不能只用一种方式，只要对国家有利就不一定非要效法古代。"

"好！"秦孝公说。确立了变法的国策。

原文摘要

孝公平画，公孙鞅、甘龙、杜挚三大夫御于君……君曰："……今吾欲变法，以治更礼，以教百姓，恐天下之议我也。"公孙鞅曰："……且夫有高人之行者，固见负于世，有独知之虑者，必见骜于民……法者，所以爱民也；礼者，所以便事也。是以圣人苟可以强国，不法其故；苟可以利民，不循其礼。"孝公曰："善。"……公孙鞅曰："……三代不同礼而王，五霸不同法而霸。故知者作法，而愚人制焉。贤者更礼，而不肖者拘焉。"……公孙鞅曰："前世不同教，何古之法？帝王不相复，何礼之循？……各当时而立法，因事而制礼……治世不一道，便国不必法古……"孝公曰："善。"

——《商君书·更法第一》

简议

这是一次改变秦国命运从而关系中国历史走向的会议，核心议题是变法更礼。双方旗帜鲜明，针锋相对。最后法家代表人物公孙鞅的意见占了上风，拉开了秦国变法的大幕，把秦国推上了富国强兵的道路，最后席卷六国，开辟了封建大一统国家的时代。

综观法家思想的核心，遵循着这样一个思路：以法治国——变法图强——称王天下。变法有着相当重要的地位。

法家强调变法，理由是什么呢？主要根据有两个。

第一，法度以时代为转移。这也就是本文中公孙鞅所说的，先前的圣王都是顺应时势建立法度的，所以先前朝代各有各的法。譬如，昊英氏统治天下的时候，允许民众随便砍伐树木，猎杀野兽，因为那时人口很少而树木野兽很多。到了黄帝统治的时代，就不准许民众捕杀幼小的野兽了，连鸟蛋也不许吃，因为人多了而野兽少了（《商君书·画策第十八》）。

对此，韩非这样说："治理民众没有一成不变的常规，不变的是以法治国的这个根本途径。法律随着时代的变化而改变，就能治理好国家；治国措施与时代要求相符合，就能收到成效。……时代变化而治理措施不变，国家就会陷入混乱，可以用来治理国家的法律很多，但禁令从不改变的国家就会被削弱。所以，圣人统治百姓，所实施的法律一定以时代为转移，所推行的禁令要根据君主的能力而做出调整。"①

第二，法度以需要为取舍。法家是以实用的观点来看待法的，正如本文中公孙鞅说的那样，制定法度的目的是为了给民众带来好处，制定礼制的目的是方便办事。这就是说，法的废立取决于国家

① 故治民无常，唯法为治。法与时转则治，与世宜则有功。……时移而治不易者乱，能治众而禁不变者削。故圣人之治民也，法与时移，而禁与能变。（《韩非子·心度》）

的实际需要。韩非也是这样认为的。他说，有人总是强调“不要改换古代的法令，不要变更流传下来的常规”，其实，是否照着前人去做，圣明的君主根本不去理会，他们只是进行正确的治理罢了。是否坚持古法不变、常规不易，就在于常规、古法是否可行。如果原来的法度不再适用了，他们就会选择变法（《韩非子·南面》）。

由于法度以时代为转移、以需要为取舍，韩非主张，圣明的君主不向往久远的古代，不效法恒久不变的常规，而是钻研当代的社会情况，以此为根据为当代制定应该实行的法度（《韩非子·五蠹》）。

主张变法并不意味着否定法的稳定性，相反，法家是反对朝令夕改的。韩非认为，法令说到底，是一种利害关系，允许做什么，不允许做什么，违反了法令要受到什么样的惩罚，最终都落实在利害上。所以，法令的变化一定会引起利害关系的改变，导致民众工作和职业的更改，从而造成他们劳动成果的减少和收入的降低。例如，不允许老百姓冶铜，从事这项职业的人就丢掉了饭碗，以其为副业的人，还有从事与冶铜相关的行业的人也会受到影响。因此，法令一经确立，是不宜更改的。他这样说，如同收藏贵重的器物却不断地搬动它们，从而损毁了光泽一样，如同煎小鱼却不停地翻动它们，从而造成损伤一样，治理国家却屡次更改法令，民众就会受苦。因此掌握了治国之要的君主崇尚虚静无为之道，遵循《老子》中说的“治理大国如同煎小鱼”的道理，不经常改变法令（《韩非子·解老》）。朝令夕改会伤害百姓，最后危及国家和君主。

能够把法的时代性与稳定性统一起来，这个思想是相当了不起的。

法律面前人人平等

回放

春秋时期，楚庄王制定了茅门之法。按照当时的制度，诸侯宫室的大门分为三道，即库门、雉门、路门。雉门也叫茅门，以此门为界，门外为外朝，君主办公的地方；门内为内廷，君主居住的地方。茅门之法是关于外朝的规定，其中一条是：“群臣、大夫、诸公子进入宫门，马蹄踏到屋檐下滴水的地方，执法官砍断他的车辕，杀掉他的车夫。”

太子乘车入朝，车子驶得飞快，马蹄踏到了屋檐下滴水的地方。执法官二话不说，上前砍断了他的车辕，接着又一刀杀掉了他的车夫。

太子大怒，进入宫殿见到楚庄王，哭诉一番，要求道：“请替我杀了执法官。”

楚庄王皱起眉，看着他说：“法令，是用来敬守宗庙、尊崇国家的东西。因此，那些制定法令、遵从法令、尊敬国家的人，是朝廷重要的臣子，怎么可以杀害呢？那些违背法律、废弃命令、藐视国家的人，做的是臣子侵犯君主的事情。臣子侵犯君主，君主就会失去威严；处于下位的与处于上位的较劲，上位就会受到威胁，一旦威严失去，君位遭到威胁，国家也就守不住了，到时候我拿什么留给子孙？”

于是，太子转身跑了，离开居住的房屋在外面露宿三天，面朝北方拜了又拜，请求楚王处以自己死罪。

原文摘要

荆庄王有茅门之法曰："群臣大夫诸公子入朝，马蹄践霤（liù）者，廷理斩其辀，戮其御。"于是太子入朝，马蹄践霤，廷理斩其辀，戮其御。太子怒，入为王泣曰："为我戮廷理。"王曰："法者，所以敬宗庙，尊社稷。故能立法从令尊敬社稷者，社稷之臣也，焉可诛也？夫犯法废令不尊敬社稷者，是臣乘君而下尚校也。臣乘君，则主失威；下尚校，则上位危，威失位危，社稷不守，吾将何以遗子孙？"于是太子乃还走，避舍露宿三日，北面再拜请死罪。

——《韩非子·外储说右上》

简议

太子是储君，也就是未来的国君，最为尊贵的人，但犯了法，与别人一样要严格接受法律处理，完全按照规定来办，一丝一毫都不带走样的。面对法律，不要说太子了，就是君主也没有特权。人有社会地位的差别，但没有守法权利的差别。在这里，无论是君主、官员还是老百姓，大家一律平等。

法律面前人人平等，是由法律的性质所决定的。前文说过，法具有为公的性质，它从国家利益出发，排斥个人的私自打算和行为，限制私家活动。它不是针对某一个人群制定的，而是以所有国民为对象，因此它对所有人都适用，是全体国民必须遵循的普遍规则，是统一国民行动的最高规范。韩非曾把法律比喻为木匠做活的墨线，不管是什么材质的木料，只要用墨线量出来是弯曲的地方，通通砍削掉。他说："法不阿贵，绳不挠曲。"（《韩非子·有度》）法律不偏袒地位高贵的人，墨线不迁就弯曲的东西。人人都必须遵守法律，没人可以例外。

守法问题上，民众的问题最好解决，只要做到有功必奖、有罪必罚就可以了。难的是臣子不易做到守法。他们自视高人一等，凭着特殊身份和职权，违法乱纪；他们结党营私，互相勾结、包庇；他们甚至挟制君主，改变法令，以售其奸。对于违法的臣子，特别是那些有特殊地位的人，君主一定不能手软，必须坚决惩处，楚庄王支持执法官惩罚太子就是一例。对臣子的姑息、纵容，最后受害的一定是国家和君主。

以法治国实行得怎样，关键在于君主是否能够做到守法。君主是一国的最高统治者，是法律的制定者，没人能管得了他。他守法，臣民就不敢违法；他不守法，法就没有权威，臣民也就不会把法当回事。在这方面，君主要特别注意三点。

第一，分清法律内外，管该管的事。韩非告诫君主，对法律规定之外的事不要做过多干涉，对法律规定之内的事不放宽尺度、不拖延（《韩非子·大体》）。

第二，将法律贯彻到底。管仲曾这样描述圣明的君主，法律在他们那里，像天地一样坚实，像恒星一样稳定，像日月一样光明，像四季运行一样准确。无论是重臣的威胁，富人的贿赂，下人的讨好，左右的亲昵，女人的美色，都不能动摇他贯彻法律的决心。而昏乱的君主则不同，他缺乏对法律的敬畏意识，也缺乏自信心，法律制定出来又马上废除掉，法令刚刚发出又收回。意志如此薄弱，重臣、富人、下人、左右、美色所惯用的手法，哪一样都能轻易击垮他（《管子·任法》）。

第三，克服私心，不偏不倚。这是君主最难做到的。管仲把君主分为三等：上等君主，对自己喜爱的人不进行私自奖赏，对自己厌恶的人不进行私自惩罚，一切以法律为准绳；中等君主，对自己喜爱的人格外关照，对自己厌恶的人苛求有加，一切以个人的主观好恶为转移；下等君主，对重臣喜爱的人给予私自奖赏，对重臣厌恶的人给予私自惩罚，一切听从重臣的摆布。管仲说："所以做君主的，不能偏于私爱，不能偏于私恶。偏于私爱叫作失去恩德，偏于私恶叫作失去刑威，恩德和刑威都失去了，君主的地位就危险了。"①

总之，君主不守法，国家就可能灭亡；臣子不守法，就会犯上作乱；民众不守法，国家就不能富强。

① 故为人主者，不重爱人，不重恶人。重爱曰失德，重恶曰失威。威德皆失，则主危也。（《管子·任法》）

执法严明

回放

晋国的国君晋文公重耳问大夫狐偃（yǎn）："怎样才能让民众为我打仗呢？"

狐偃回答："使他们不得不去打仗。"

"怎样才能使他们不得不去打仗呢？"晋文公接着问。

狐偃说："有功必赏，有罪必罚。做到了这八个字，民众就一定会去为您打仗了。"

晋文公点了点头，他明白了，这是要他运用法治手段。想了想又问："实现刑罚的最高原则是什么呢？"

狐偃答道："刑罚不回避亲近和显贵的人，法律实施到所宠爱的人。"

晋文公说："好。"于是下令第二天去围猎。规定以日中为限，迟到的人按军法从事。

有一个大臣过了日中才到，这个人叫颠颉（jié），曾追随重耳出逃19年，忠心耿耿，重耳回到晋国后封他为大夫。执法官请求治他的罪。

晋文公悲伤得掉下了眼泪。执法官催促道："请用刑。"

晋文公摆了摆手。执法官斩断了颠颉的脊梁，并昭告民众，申明法律的信用。

大家都说："国君如此宠爱颠颉，还对他施加刑罚，对我们难道还能留情吗？”

晋文公见民众可以被驱使了，就发兵讨伐诸侯国，先后攻克了原国等国，在成濮大败强大的楚军，一下子建立了八项功绩。

原文摘要

晋文公问于狐偃……曰：“然则何如足以战民乎？”狐子对曰：“令无得不战。”公曰：“无得不战奈何？”狐子对曰：“信赏必罚，其足以战。”公曰：“刑罚之极安至？”对曰：“不辟亲贵，法行所爱。”文公曰：“善。”明日令田于圃陆，其以日中为期，后期者行军法焉。于是公有所爱者曰颠颉后期，吏请其罪，文公陨涕而忧。吏曰：“请用事焉。”遂斩颠颉之脊，以徇百姓，以明法之信也。

——《韩非子·外储说右上》

简议

概括法家有关执法的论述，可以总结出以下四条原则：

第一，令行禁止。韩非说，观察尊贵的君主，他们有一个共同点，就是“令行禁止于天下”（《韩非子·制分》）。

第二，以法执法。执法要以法为依据，决不另搞一套，也不能过头和放宽。管仲说，不以法来执法，行动就没有了标准；法令的推行不以法作保证，就不能得到贯彻。行动没有标准，就不成其为执法；法令不能贯彻，就不成其为法令（《管子·法法》）。

第三，公正。执法要坚持同一个尺度，这样才能做到不偏不倚，一律对待。韩非曾以镜子和衡器来做比喻。镜子保持清洁而不受到污损，美和丑才会比较出来；衡器保持平正而不受到干扰，轻和重才能衡量出来。镜子被晃动了就不能照东西；衡器被摇动了就不能称量东西。法度也是这样，不能有双重标准（《韩非子·饰邪》）。

第四，支持执法者。法律是靠人来执行的，执法者并不是权力最大、地位最高的人，在执法中一定会遇到困难和阻碍，譬如前文中楚国和晋国的两位执法官，他们一位面对的是太子，一位面对的是宠臣，都是位高权重的大人物，这时候就需要君主给他们撑腰。从历史上看，执法者往往成为君主意志的贯彻者，所以深得重用。秦始皇就格外垂青管理刑狱的官吏，提拔和重用他们，法家名人李斯就是这样走过来的。

以上四条体现的基本精神就是严明。严明可以分为严和明这两部分，先看明。明有两层含义：一是思想认识上要清楚，一是执行要明确。人们为什么能够做到坚定执法？首先就在于真正认识到法治对事业的重大意义。前文中的晋文公就是这样，他认识到，自己要想得心应手地役使民众，成就霸业，必须实行法治，这就是思想认识上的清醒。思想认识上重视了，执行法令时就不会含糊，就要认真衡量对方触犯了哪一条规定，属于什么样的问题，应该如何惩罚，等等，这就是执行上的明确。

再看严。所谓严，就是完全照章办事，严格执行规定。不管在什么情况下，也不管对方的地位和背景如何，都决不卖人情，不通融，不打折扣，不特殊对待，除了法不认别的。前文中狐偃对晋文公说的“不辟亲贵，法行所爱”强调的就是这一点。连亲贵都不能例外，就不要说别人了。

总之，执法的辞典中没有“变通”“灵活掌握”这类词，法是没有弹性的，执法就是要“认死理儿”。

拾得

法家之所以被称为法家，就在于这一派的理论家和实践者主张以法为本，坚持以法治国、治人、治事，从而与儒家主张的以德治国区别开来。

法并不是法家的发明，把它用在治国上面，是早就有了的事情。据《左传》记载，早在夏代，就有了法，以夏朝的创始人禹的名字来命名，叫《禹刑》；商朝的法以开创者汤的名字来命名，叫《汤刑》；首先提出“明德慎刑”而实行德治的朝代周朝，也有自己的法，称《九刑》。到了春秋时期，处于社会形态大变动中的各诸侯国纷纷实行政治改革，推行所谓的新政，一个突出的标志就是实施法治。郑国的子产首创以“铸刑书”（把刑法铸在铜鼎上）突出法的地位，其后有晋国的“铸刑鼎”、魏国的法典《立辟》以及李悝（kuī）著的《法经》、赵国的法典《国律》、燕国的法典《奉法》、秦国商鞅作的《秦律》……法家就是在这场政治变革中形成的一个学派。

儒家继承的是周朝的传统，主张德治，但正像上面所说，周朝也有自己的法，所以儒家并不排斥法，这与主张法治的法家并不排斥道德是一样的。他们的区别只在于，以什么作为治国的根本，是道德还是法律？

关于这个区别，孔子早有论及，他说：“以政令来左右，以刑罚来管束，可以带来避免民众犯罪的效果，但是不能使他们知道羞耻。以道德来教化，通过礼制来约束，可以使民众知道羞耻，还能够使他们走上正路。”① 通过这个概括我们知道，法家治国依靠的是政令和刑罚，所谓“以法治国”（《韩非子·有度》）；儒家治国依靠的是道德和礼制，所谓“为国以礼”（《论语·先进》）。

一个治国靠法，一个治国靠礼，要想搞清二者的区别，关键在于分清法与礼。

通俗地说，礼可以是制度，譬如祭祀制度，天子使用什么样的礼器，使用多少件；诸侯使用什么样的礼器，使用多少件；大夫又怎样，等等。这样的规定就属于祭祀之礼。礼可以是规矩，譬如父子相处，儿子如何行礼，怎么说话，父亲如何表示，等等，属于父子之礼；礼也可以是风俗，譬如不在别人面前暴露身体，就属于礼俗。礼可以是形式、程式、仪式，譬如穿衣吃饭，在什么场合穿什么衣服，怎样吃饭，等等，属于仪式之礼。

从总体上看，礼的范围要比法大，社会乃至个人生活的方方面面都渗透了礼，而法则达不到这一点，它只在一定范围内起作用。但就具体范畴而言，法又比礼具有更大的普遍性。譬如，父子之礼只适用于父子关系，服饰之礼只适用于仪容。而法则不同，如禁止偷盗的规定就适用于所有人，不管是父亲、儿子，不管是官吏、平民，也不管是商人、农民，都必须遵守这个规定。

礼是讲究亲疏之分的，譬如父亲去世，儿子要守孝三年，住草

---

① 子曰：“道之以政，齐之以刑，民免而无耻。道之以德，齐之以礼，有耻且格。”（《论语·为政》）

屋，一定时间里不喝酒不吃肉，作为儿子的好朋友也要有所表示，守五个月的孝就可以了。而法是没有类似规定的，不管是什么人，遵守法律条文的义务都一样。这就涉及礼与法的根本区别，即不平等和平等。

礼体现的、维护的是人们之间的地位差异，在这一点上最能说明问题的就是孔子倡导的“君君、臣臣、父父、子子”（《论语·颜渊》），意思是做国君的要像国君，做臣子的要像臣子，做父亲的要像父亲，做儿子的要像儿子。这个意思在西汉末年被概括为“君为臣纲，父为子纲，夫为妻纲”，简称三纲。纲是渔网上的大绳子，引申为主宰。三纲虽然是在西汉大儒董仲舒去世后才被明确提出的，但它的基本精神在董仲舒那里已经确立。在他看来，君臣、父子、夫妻关系其实是阴阳关系，君、父、夫为阳，臣、子、妻为阴，阳高贵而阴低贱乃是上天的制度，所以臣子受命于君主、儿子受命于父亲、妻子受命于丈夫，这三重受命都可以说是受命于天。儒家认为，只要人人恪守诸如三纲这样的礼制，安分守己，社会秩序就可以得到保证，国家也就治理好了。这种不平等的精神反映在人与礼以及法的关系上，就是“刑不上大夫，礼不下庶人”。大夫代表贵族，庶人代表民众。贵族对刑法享有豁免权，平民不准许超越规定使用贵族之礼。可以说，儒家的礼治是以不平等的形式来维护不平等的关系。

法家当然也要维护三纲一类的封建秩序，但走的是另外的路子，在形式上强调平等。他们不承认特权，平民必须守法，贵族必须守法，即使是君主也一定要守法，所谓的“法不阿贵”“法行所爱”。

整个国家只有一个法律，一个尺度，所有国民都必须接受它的裁决。在这里，亲情、地位、权力、财富、关系等不再是砝码，其分量等于零。法家的法治是以平等的形式来维护不平等的关系。

礼治与法治的另一个重大差别表现在对人性的关系上。礼治突出道德的教化作用，以人性善为基础，着眼于发挥善良的潜质和力量，走的是扬善的路子。法治则是以自私自利的人性恶为前提，运用严厉的刑罚使人不敢为非作歹，走的是抑恶的路子。

韩非这样说："圣明的君主治理国家，不是靠着人们主动地为君主做好事，而是使他们不能够去做坏事。主动做好事的人，全国也找不到十个；使人们不能够去做坏事，对全国民众都适用。治理国家的人应该采用使多数人的行为一致的措施，舍弃只是寄希望于少数人的措施，因此不能致力于德治，而必须致力于法治……所以有谋略的君主不迷恋偶然出现的善行，而是去推行必不可少的措施。"①在法家看来，以法治国比以礼治国更现实、更有效。

法治与礼治也就是德治相比，有着更多的合理性，是一种更进步的治国方式。然而也不能完全排除德治，理由很简单，前面说过，礼或者道德发挥作用的范围要比法大得多。法律再周全、再详尽也覆盖不了全部社会生活，更管不了全部个人生活，而这些，道德都能够涉及。所以要保证社会的正常有序运转，就必须实行以法为主，法、德并重。

---

① 夫圣人之治国，不恃人之为吾善也，而用其不得为非也。恃人之为吾善也，境内不什数；用人不得为非，一国可使齐。为治者用众而舍寡，故不务德而务法……故有术之君，不随适然之善，而行必然之道。（《韩非子·显学》）

赏 罚

赏罚是统治者经常使用的手段，那么，法家对赏罚是如何认识的呢？

赏罚的必要性

回放

韩国的国君韩昭侯对相国申不害说：“法度实行起来实在是不容易啊。”

申不害说：“也没什么不容易的。法度这种东西，其实不过是对有功劳的人给予奖赏，对有能力的人授予官职罢了。现在法度之所以难以实行，是因为您设立了法度，但又听从身边的人的请求，不能论功行赏，因能授官。”

韩昭侯点头说：“好。现在我知道如何实施法令了，知道如何听取意见了。”

一天，申不害来见韩昭侯，请求委任他的堂兄一个官职。

韩昭侯看了他一会儿，开口道：“这可不是您教给我的做法啊。我是听从您的请求，从而败坏您主张的治国原则呢，还是坚持您的主张，而拒绝您的请求呢？”

申不害回去后，不敢住在正房里，请求国君处罚自己。

原文摘要

韩昭侯谓申子曰：“法度甚不易行也。”申子曰：“法者，见功而与赏，因能而受官。今君设法度而听左右之请，此所以难行也。”……一日，申子请仕其从兄官。昭侯曰：“非所学于子也。听子之谒（yè），败子之道乎，亡其用子之谒？”申子辟舍请罪。

——《韩非子·外储说左上》

简议

这个故事告诉我们，法与赏罚是密不可分的。法家主张以法治国，也就肯定了赏罚在治国中的地位和作用。韩非曾引用一个叫文子的人的话说："夫赏罚之道，利器也。"（《韩非子·内储说上·七术》）意思是，赏罚用在治国中，乃是锐利无比的武器。商鞅认为，英明的君主治理国家要抓住三个根本，一是法治，一是兵战，再有一个就是赏罚（《商君书·错法第九》）。

法家认为，赏罚是治国必不可少的手段。为什么这么说呢？

首先，赏罚为法治的推行开辟道路。前面说过，法治的着力点在于抑恶，使人不敢做坏事。然而，人们出于自私自利的本性，在追求自己利益的时候往往要伤害别人，危害社会，所以人本能地就排斥法。韩非说，就民众的本性来说，喜欢生活在没有法度的乱世，而不喜欢被法律管着（《韩非子·心度》）。面对这个基本状况，怎样才能推行法治呢？只有一个办法，那就是给法律规定加入赏罚的内容。譬如，商鞅制定的法律就规定，斩杀一个敌人，赏给一级爵位；要是选择做官，任命他 50 石俸禄的官职。斩杀两个敌人，赏给两级爵位；要是选择做官，任命他 100 石俸禄的官职。

民众本性上厌恶法，但却喜欢得到奖赏，害怕受到惩罚。见到利就上，遇到害就避，乃是人之常情。这样一来，人们在追求赏赐、躲避惩罚的过程中，也就遵守了法令。这是以迎合、顺应人性的方式来使民众不得不去接受本性上抗拒的东西，正如上面那条法律的效果那样，使得按照本性来说贪生怕死的人们成了舍生忘死的勇士。

其次，赏罚是君主控制臣子、役使民众的最简便、最直接、最有效的手段。这就是商鞅说的“人主之所以禁使者，赏罚也”（《商君书·禁使第二十四》）。禁是禁止，使是役使，意思是，君主之所以能够禁止和役使臣子，就在于运用赏罚。关于这一点，前面多有涉及。譬如君主对付臣子的办法，其中有两条：一条是利，切断臣子获得利益的途径，使得他只有通过为君主服务才能得到利益；另一条是害，用臣子所畏惧的东西去节制他，针对不同类型的人，分别采用“质”“镇”“固”的对策。利就是奖赏，害就是惩罚。通过这两条，再加上权力方面的措施，臣子被治得服服帖帖的。

对民众也是如此。商鞅为秦国制定的法律中，有一种叫连坐制，规定在五家居民为一伍、十家居民为一什的编组中，对告发坏人的给予奖赏，对窝藏坏人的给予惩罚，对知情不报的一体问罪。这样，包括旅馆这样的经营单位在内的各家各户，便形成一张相互牵连、相互监督的网络。由于告发坏人可以受奖，也为了免遭邻居的连累，每个人都成了窥探者和告密者，成了君主统治民众的驯服工具。其效果之好最后连商鞅这个始作俑者都插翅难逃。支持商鞅变法的秦孝公死后，新国君惠文王反攻倒算，商鞅踏上了逃亡路。眼看着就要逃出秦国边境了，商鞅松了口气，住进了一家旅店。店主人说，根据商君的法令，不检验客人证件而收留可疑分子的人，以罪论处。商鞅长叹一声说：“唉，我所制定的法的弊端竟然到了如此地步啊！”后人把这件事概括为一个成语：作法自弊，也写成作法自毙。

赏罚的一般原则

回放

吴起拿起一条丝带给妻子看，吩咐道：“你再给我织一条丝带，要跟这条带子一样。”

妻子织好了带子，双手奉上。这条丝带织得比原来的那条带子好。

不想吴起脸一沉，问：“我吩咐得明明白白，命你按照那条带子来织，而如今你却织得这样漂亮，为什么不按照我说的去做？”

妻子辩解说：“用的材料跟那条带子一样，只不过特别下了工夫，所以更好看一些。”

吴起说：“这不是我所要求的。”于是，就叫她穿好衣服，打发她回家。就这样，吴起把妻子休掉了。

妻子的父亲来找吴起，请求他让女儿回到吴家。吴起说：“我家从来没有空话。”

原文摘要

吴起示其妻以组曰：“子为织组，令之如是。”组已就而效之，其组异善。起曰：“使子为组，令之如是，而今也异善，何也？”其妻曰：“用财若一也，加务善之。”吴起曰：“非语也。”使之衣归。其父往请之，吴起曰：“起家无虚言。”

——《韩非子·外储说右上》

简议

用一般的眼光来看，吴起的做法实在不合情理，为了一条小小的丝带就休掉了妻子，而且不是因为丝带做得不好，是因为做得太好了。但用法家的眼光来衡量，吴起就应该这么做，这叫“信赏必罚”，也就是做得对的就给予奖赏，做得不对就进行惩罚，说话算话，说到做到，铁面无私，翻脸不认人。妻子没有遵照吴起的吩咐，做得再主动、再卖力，也是错误的，所以必须受罚，吴起家不放空炮。这是治家。治国也一样，道理是相通的。

赏罚要遵循一定的原则。信赏必罚或者说守信用，就是赏罚的一条原则。管仲说：“奖赏贵在兑现，惩罚贵在坚决。奖赏兑现了，惩罚得到贯彻了，人们看在眼里听到耳中——即使没有亲眼看到也不要紧——赏罚的威力便会潜移默化地发挥作用。只要坚守诚信，就可以畅行天地，通达神明，辨别真伪。”①

除守信外，赏罚的主要原则还有以下几项：

赏罚要有标准。韩非曾经提出了一个问题，综观历史，任何一个国家都有自己的法律，都把法律作为治国的手段，但为什么有的国家衰落了、灭亡了，而有的国家却存留下来、强大起来了呢？他的结论是，灭亡的国家是因为没有确立奖赏和刑罚的标准，而治理成功的国家没有一个不是在这方面做得好的（《韩非子·制分》）。

---

① 用赏者贵诚，用刑者贵必。刑赏信必于耳目之所见，则其所不见，莫不暗化矣。诚，畅乎天地，通于神明，见奸伪也。（《管子·九守第五十五》）

在赏罚标准上，最关键的就是统一，商鞅称之为“壹赏”“壹罚”，也就是所有的人都用同一个标准来衡量，不管奖赏的是什么东西，利益、俸禄也好，官职、爵位也罢，都遵循一个标准；也不管惩罚的是什么人，卿相、将军、大夫也好，平头百姓也罢，遵循的也是一个标准（《商君书·赏刑第十七》）。要做到统一标准，必须走制度化的道路，最好能用法律形式固定下来，给予什么样的奖赏，奖赏多少，接受什么样的刑罚，罚多重，一切有制度管着。在这种情况下，不要说文官武将了，就是君主也不能随意进行奖惩，必须照章办事。这样的赏罚才能体现出“公”，才能谈得上公平、公正。

赏罚要与功过相联系。实行赏罚的根本目的是富国强兵，推行国家的各项决策，要想使臣民听由君主驱使，就必须为赏罚确立一个前提，即功绩和罪过。韩非说，圣明的君主治理国家，奖赏绝不给予没有功劳的人，而实施刑罚必定是针对有罪过的人（《韩非子·奸劫弑臣》）。商鞅也是这样主张的，他比较了亡国君主与英明君主的做法，他们都用爵位和俸禄来奖赏臣民，但结果却大不相同，后者的功效比前者高一万倍，原因就在于二者遵循的原则不一样。英明君主是论功行赏，被他重用的人一定是立了功的人，得到奖赏的人一定是做出了成绩的人。论功行赏的原则明确了，民众就会争着去立功（《商君书·错法第九》）。

奖赏名利不奖赏权力。权力是君主的命根子，必须全部掌握在自己手里，绝不能让别人来分享。臣子功劳再大，君主可以给他最大的爵位和最高的俸禄，但万万不可以无限增加他的权力。韩非说：“对被委任政事的人，不要使他们权力太大，要让他们的荣誉一定体现在爵位上；担任官职的不准许谋求私利，要让他们的利益一定表现在俸禄上。”①

以上是赏罚的一般原则，做到了这些差不多就合格了，但也仅此而已。要想使赏罚发挥更大作用，还必须在重字上下工夫。

① 任事者毋重，使其宠必在爵；外官者毋私，使其利必在禄；故民尊爵而重禄。爵禄，所以赏也；民重所以赏也，则国治。（《韩非子·八经》）

赏罚的从重原则

回放

商朝的法律规定，凡是把灰烬倒在大街上的人要受到刑罚。子贡认为这条法令太重，就去问孔子。

孔子说："这才是懂得治理民众的道理呀。"

子贡不理解。老师一向主张仁爱，为什么反倒赞成严刑峻法。

孔子解释道："灰烬倒在街上，一定会四处飞扬，弄得别人灰头土脸。人无缘无故地蒙受灰尘，一定会心生怒气。人一生气就免不了要跟对方论理，搞不好就会发生争斗。一旦争斗起来，双方的亲人就会参加进来。所以往街上倒灰，危害的不是一个人，而是一群人，受到刑罚的惩处是应该的。再说，重刑是人们厌恶的，而不往街上倒灰是容易做到的。让人们去做容易办到的事，而不去遭受他们所厌恶的刑罚，这是治理民众的道理。"

原文摘要

殷之法，刑弃灰于街者。子贡以为重，问之仲尼。仲尼曰："知治之道也。夫弃灰于街必掩人，掩人，人必怒，怒则斗，斗必三族相残也，此残三族之道也，虽刑之可也。且夫重罚者，人之所恶也；而无弃灰，人之所易也。使人行之所易，而无离所恶，此治之道。"

——《韩非子·内储说上·七术》

简议

用哲学语言来表达，这里的“重”其实就是度。赏罚这种手段（质）的实施，总是表现为一定的数量（量），比如奖赏杀敌有功的人以粮食，是50石还是100石，总要有一个定量。那么，奖励多少才能达到预期目的，就是度的问题了。在这一点上，法家的主张非常明确，那就是从重。

法家为什么主张从重原则？根本原因就是因为只有采取重赏重罚，才能充分发挥赏罚的作用。

商鞅曾以“耕战”为题分析赏罚轻重的得失。打仗需要民众上战场，但民众却不肯出来当兵，因为朝廷给的奖赏太少了，遵守兵役法的人得不到多少好处，而对逃避兵役的人的惩罚又太轻，他们不仅没有遭受多大损失，其中的一些人还能通过钻营得到一官半职，靠着活泛的头脑发财，这样，谁还去当兵送命呢？同样的道理，老老实实种地的人富不起来，而商人却过得一天比一天好，谁还去当农民受苦呢？商鞅把这种做法讥为用猫作诱饵来捕捉老鼠，是不会有效果的。要扭转这种错位现象，只有变轻为重，实行重赏重罚。譬如提高粮食售价（奖励），加重贸易赋税（惩罚），这样民众就会选择种田，放弃经商。重到什么程度才算合适？这就要看成效了。就拿当兵来说，到了人们为了得到奖赏而舍生忘死、为了不当兵的后果而害怕的时候，所采取的措施就是恰当的了。对于重赏重罚，商鞅也打了个比方：用百石的强弩去射轻飘飘的树叶，没有射不穿的（《商君书·外内第二十二》）。

为什么重赏重罚能够收到良好功效？因为这个原则符合人之常情。趋利避害是人的本能，利益越大，人靠的也就越近；危害越大，人离的也就越远。正如韩非所说，按照人的天性，没有不想以拼死卖力来获得自己想要的东西的，因此君主可以用控制赏罚的尺度来操纵百姓（《韩非子·制分》）。

要达到重赏重罚，加大赏罚的力度只是一个方面，另一个方面是提高赏罚本身的价值。商鞅这样说，君主赏赐给臣民的官爵，一定要使他感到荣耀和尊贵。如果让人觉得无所谓，臣民就不会急于追求官爵，奖赏也就不再有吸引力了。同时，还要把获得奖赏的标准提得高一些，让人不是那么容易得手，不出死力、不立大功就没有资格领赏（《商君书·错法第九》）。所以奖赏切不可过多，标准切不可过低，一旦过滥过易，赏得再慷慨也体现不出重来。

从重的原则表现在法度上，就是严刑峻法。韩非说："英明的君王总是立法严峻，用刑严格。一丈长的布，一般人见到了也舍不得放手；熔化了的百镒黄金，就是大盗柳下跖也不敢去拿。为什么？因为拿着一丈长的布，不会有害处，而去拿熔化了的百镒黄金，一定会烧伤手。所以英明的君主一定要坚决执行惩罚。奖赏应该厚重并且一定兑现，使人们有所贪图；惩罚应该严重并且一定执行，使人们有所畏惧；法令应该一致并且固定，使人们都知道。"[①] 在这

---

① 故明王峭其法而严其刑也。布帛寻常，庸人不释；铄金百溢，盗跖不掇。不必害，则不释寻常；必害手，则不掇百溢。故明主必其诛也。是以赏莫如厚而信，使民利之；罚莫如重而必，使民畏之；法莫如一而固，使民知之。（《韩非子·五蠹》）

种思想指导下，法度一再加重，越来越严，最后竟然发展出株连这种残酷形式。在商鞅时期，一人犯法，父母、妻子也要遭受刑罚；其后愈演愈烈，变本加厉为株连三族，甚至九族。

总之，在法家那里，从重是赏罚的根本原则，只有贯彻从重原则，赏罚才有分量。

以罚为主

回放

鲁国有人焚烧草木，天上刮起了北风，火借风势，向南边蔓延过来，过不了多久就会烧到都城。

国君鲁哀公很是害怕，打算亲自带领人去督促民众救火。但就是找不到人，大家都去追逐逃生的野兽去了，没人顾得上救火。鲁哀公急得不行，召来孔子询问。

孔子说："那些追逐野兽的人享受着乐趣却不受到惩罚，救火的人忍受着辛苦却没有奖赏，这就是大火不能扑灭的原因。"

鲁哀公说："不错，是这么回事。"

孔子说："事情紧急，来不及进行奖赏，再说国家也赏不起那么多人。请同意只用刑罚。"

鲁哀公说："好。"

于是孔子发布命令："不去救火的人，按照投降逃跑的罪名治罪；追逐野兽的人，按照擅自闯入禁地的罪名治罪。"

命令发出后还没有传达到四方，大火就被扑灭了。

原文摘要

鲁人烧积泽。天北风，火南倚，恐烧国。哀公惧，自将众趣救火。左右无人，尽逐兽而火不救，乃召问仲尼。仲尼曰："夫逐兽者乐而无罚，救火者苦而无赏，此火之所以无救也。"哀公曰：

“善。”仲尼曰：“事急，不及以赏；救火者尽赏之，则国不足以赏于人。请徒行罚。”哀公曰：“善。”于是仲尼乃下令曰：“不救火者，比降北之罪；逐兽者，比入禁之罪。”令下未遍而火已救矣。

——《韩非子·内储说上》

简议

在法家看来，赏和罚尽管都是治理手段，但二者作用不同，地位也不同。

商鞅这样评价赏和罚的作用：“施加刑罚乃至处死，是为了禁止坏人犯罪；奖赏官爵，是为了引导人们建立功业。”[①] 然而，建立功业本身就包含了不触犯刑律，所以商鞅又说：“夫刑者，所以禁邪也；而赏者，所以助禁也。”（《商君书·算地第六》）这是说，刑罚是用来禁止犯罪的，而奖赏是用来帮助禁止犯罪的。在这里，奖赏起着“助”的作用。从治国的高度上看，二者也是有分别的。商鞅认为，奖赏发挥的是鼓励民众的作用，属于“文”的治国方法；刑罚发挥的是强制民众的作用，属于“武”的治国方法（《商君书·修权第十四》）。法家把法放在第一位，而法的基本功能就是制止犯罪，根本特征就是强制性，所以突出刑罚的作用是完全符合他们的逻辑的。

由于赏和罚的作用不同，二者的地位也就不一样。地位上的区

---

① 刑戮者，所以禁奸也；而官爵者，所以劝功也。（《商君书·算地第六》）

别可以概括为四个字，即“重罚轻赏”（《商君书·去强第四》）。也就是在运用奖赏和刑罚的手段时，重点放在刑罚上，少用甚至不用奖赏。上文中的事例表现的就是只用刑罚不用奖赏。商鞅说，凡是国家治理得好的，都是刑罚多而奖赏少。据他的统计，在称王天下的国家，刑罚占了九成，奖赏只占一成；而在衰落的国家，这个比例倒了过来，奖赏占九成，刑罚只占一成（《商君书·开塞第七》）。

在法家看来，实行重罚轻赏更有利于君主役使民众。韩非认为，加重刑罚，减少奖赏，民众就会去拼命争取奖赏；滥施奖赏，减轻刑罚，民众就不会拼命争取奖赏（《韩非子·饬令》）。商鞅也是这样看的，他说，加重刑罚，慎用奖赏，民众就会去拼死为君主效命；加重奖赏，减轻刑罚，民众就不会拼死为君主效命。为什么奖赏多了，民众反而不好使唤了呢？原因很简单，就是前面说的，人人都得奖，奖励就贬值了，不值钱的东西是没有吸引力的。

由于本来就实行从重的原则，现在又加大了刑罚的比重，民众的日子一定很难熬。但法家不这么看，他们认为这样做恰恰是为了维护百姓的根本利益。主要理由是，重罚轻赏可以有效地制止坏人坏事的发生。这可以从两个方面看。对坏人来说，他最反对的就是重刑，刑罚越轻越好；对广大民众来说，重刑加大了犯罪成本，使他们不至于为了一点小利而冒大风险。实行重罚，可以及早制止坏人犯大罪，减轻对社会的危害，对民众也起着警示作用；同时又强化了百姓的守法意识，预防他们走上犯罪道路。使百姓不犯罪与在百姓犯罪后惩罚他们，哪一个体现了对百姓的爱护呢？显然是前者。用韩非的话说，等到百姓犯了罪再去惩罚他们，无异于是给百姓设下陷阱，让他们自己往里头跳（《韩非子·六反》）。

重罚轻赏之下，犯罪的成本加大了，国家的支出减少了，受益最大的无疑是君主。

毁誉

回放

春秋和战国时期，靠近鲁国的地方有一个小国，叫邾(zhū)国，又称邹国。那里的习惯喜欢用帛带来连缀铠甲片，做成战袍。帛是用麻或者葛为原料编织成的布。

大夫公息忌对邾国的国君说："制作战袍，组比帛好。"组是用蚕丝编织成的带子。

国君接受了公息忌的建议，下令今后制作战袍，一律换成丝带。公息忌就让他的家人都去编织丝带，然后卖给官府。

有人便向国君报告说："公息忌之所以提出用组来取代帛，是因为他的家人大多都从事织组。"

国君很不高兴，下令停止使用组，邾国的战袍制作又恢复了原来的习惯。

原文摘要

邾之故，为甲裳以帛。公息忌谓邾之君曰："不若以组。"邾君曰："善。"下令令官为甲必以组。公息忌因令其家皆为组。人有伤之者曰："公息忌之所以欲用组者，其家为困裳多为组也。"邾君不悦，于是止乎，无以组。

——（唐）赵蕤（ruí）《长短经》

简议

这个故事出自唐代学者赵蕤的《长短经》“忠疑”篇，意在说明毁誉问题。

在法家中，对毁誉讲得最多的是韩非。在他那里，毁是批评，誉是赞扬，毁誉就是通过否定一个人的所作所为，使其名声扫地，或者通过对一个人的肯定，使其名声彰显，由此加强赏罚的效果。

法家为什么主张毁誉呢？主要原因是人们重视自己的名声。韩非对这一点看得很清楚，他说：“大凡人的作为，不是为了名声，就是为了利益。”[①] 他着重指出，名声对士人特别有吸引力，他说，可以彰显名声的事情，士人宁愿为它去死(《韩非子·内储说左上》)。士人是低等贵族，凭着自己的头脑或者武功吃饭，地位虽然不高，但活动能量极大，是当时一个最富于朝气和创造力的新兴阶层。进行毁誉，就像是运用物质奖励和惩罚可以控制住劳动民众一样，也具有牵制士人这个精英阶层的效力。

毁誉与前面所讲的赏罚是两个层面的概念。赏罚既包括物质上的奖励和惩罚，也包括精神上的鼓励和贬损，而毁誉只是在声誉上做文章，属于精神上的措施。毁是精神上的惩罚，誉是精神上的奖赏，可以说毁誉是赏罚的一种方式。

在毁誉手段的运用上，韩非强调两个一致。一是“毁誉一行”（《韩非子·八经》），也就是批评和赞扬要有原则，要与法律内

① 凡人之有为也，非名之则利之也。（《韩非子·内储说上·七术》）

容相一致，不能信口开河。一是“赏誉同轨，非诛俱行”，赏和诛是物质上的奖赏和刑罚，誉是赞扬，非是批评，意思是精神上的赏罚要与物质上的赏罚相一致。

毁誉的作用有多大？看看本文中的故事就清楚了，它足以使一个国家改变重大决定，使一个本来被认为忠心耿耿的君子转瞬之间就变成一个假公济私的卑劣小人。历史上类似的事情太多了，赵蕤在那个故事的前面提到的陈平就是其中一例。陈平投奔刘邦，深得赏识，受到重用，引起了周勃等旧将的不满。他们对刘邦说，这家伙不是什么好东西，听说从前跟自己嫂子私通，后来跑到项羽那里，人家看不上他，才来投奔您。现在您命令他监督军队，这小子不感恩，竟然收受将领们的贿赂，谁给的钱多，他就给谁好职位。刘邦很生气，幸亏咨询了明白人，才没有治陈平的罪。也多亏留下了这个陈平，才有了后来刘邦的一系列转危为安，也才有了再后来的铲除吕后势力而使刘氏江山得以维持的局面。

由于毁誉具有如此效力，法家不仅主张君主运用它来对付自己的臣民，还建议把它用在对付敌国上面。据《韩非子》记载，吴国对楚国开战，伍子胥派人四处散布说，吴国最希望的就是楚国任用子期统帅军队，因为这家伙是个草包，最怕的就是子常当统帅，要是换了他，吴国立马撤军（《韩非子·内储说下·六微》）。楚王还真信了，换上子常统军，后果可想而知。这方面最著名也是最成功的事例就是明朝末年满洲领袖皇太极的反间计，他通过毁誉使崇祯皇帝上了当，以通敌罪杀掉了满洲最害怕的袁崇焕，上演了一出自毁长城的千古悲剧。

毁誉与物质赏罚相比，范围要小许多，威力也不如后者大，因为大多数人要解决的问题首先是吃饭穿衣住房种田，而后才是脸面名声，老百姓主要是奔着物质利益去的。毁誉也不是对一切有身份的人都管用，对那种超然物外的高士，譬如伯夷、叔齐这类人就没用，他们有自己的处世准则，根本不在乎君主和别人怎么说。

所以，毁誉只能成为物质赏罚的辅助的和补充的手段。当然，随着后来儒家思想占据统治地位，道德因素在社会生活中日益重要，毁誉的作用有所增强，成为统治者的惯用手法。人们熟知的立贞节牌坊、赐爵位、赠名号、表彰，等等，都属于这一类。

拾得

法家将赏罚与法律连为一体，表现出了其思想的严密性。前文引用过韩非的话：凡是治理天下，必定以人性为根据［“凡治天下，必因人性。”（《韩非子·八经》）］。因为人性被看成是自私自利的恶，道德教化被认为根本无力解决最终问题，所以法家主张法治，以强制手段，也就是恶，来制住恶。然而，人的本性表现为趋利避害，见到安全有利的就靠近，遇到危险有害的就躲避，而法律对人的天性来说属于害，既如此，民众怎么能接受法治呢？这就需要赏罚，它与人性是一致的，奖赏就是利，使人们在追求利益时遵守法令；惩罚就是害，使人们在躲避危害时不违反法令。所以，法家人物制定的每一条法律都包含了相应的、量化了的奖赏和惩罚标准，由此法律也就变成了人们必须接受的东西。既欢迎又畏惧，这就是当时人们对待法律的心态。

显然，法治实施的前提是赏罚。这就意味着，法律起作用的程度与赏罚在民众中的分量成正比，民众越为自己考虑，法治所能发挥的威力也就越大，法家巴不得人人都成为名利之徒。在这种情况下，越是追求名利的人越是受到君主欢迎，那些品德高尚的人反倒是多余的。韩非讲过这样一件事：周朝统一天下，姜太公被封在齐国，有兄弟二人隐居在那里。姜太公听说了他们的贤名，登门求见，去了三次，人家都不见他。于是太公下令杀掉这两位高士。正好这个时候周公姬旦来到他的封国鲁国，鲁国紧挨着齐国，周公立马派人去见姜太公，责问他为什么杀害贤人。太公说，这两兄弟打定了主意不做天子的臣民，不结交诸侯，扬言靠自己的劳动种地吃饭、挖井喝水，不稀罕名声和俸禄，更不稀罕做官。这种人，什么都不放在眼里，奖赏和刑法都不能驱使他们。不能为我所用，不能为我立功，不受我的管教，我留着他们干吗？还不如杀了呢！（《韩非子·外储说右上》）韩非把这样的人称为实心葫芦，中看不中用。葫芦的价值在于做成容器，如果中间没有空隙，那就什么也盛不了。这样的人尽管不靠别人养活，但是不为国家出力，所以一点用处也没有（《韩非子·外储说左上》）。

毁誉的提出，丰富了赏罚内容，加强了赏罚分量，同时也反映出了法家的一个治国理念，即充分利用一切社会资源从而得以最大限度地驱使臣民。物质上的赏罚利用的是物质资源，毁誉利用的则是精神资源。任何一个民族、一个社会都有自己的道德，它通过舆论来表达自己的价值观念，规范和引导社会成员的行为。君主对一个人的贬斥和赞扬，之所以能够收到功效，就在于它与社会舆论合拍。运用道德力量本来是儒家的专长，但法家不管这些，照样拿来使用。可以看出，法家是非常现实的，只要对治国有利，一个也不放过。

把赏罚作为治国的一个手段，并不是法家的独创，凡是管理国家没有不运用赏罚的。能够代表法家思想特色的是在赏罚与法治一体化的框架内，突出从重原则以及重罚轻赏。每一条法律都配有分量很重的赏罚规定，但奖赏和刑罚的比重并不对等。譬如，商鞅制定的法律规定，告发坏人获得的奖励与在战场上杀敌一样，奖给

50 石粮食（约合今天 1500 公斤）；而窝藏坏人受到的惩罚与战场上投降敌人一样，不仅事主要被处死，父母、妻子也要遭到刑罚。可见，法律是向惩罚倾斜的。再加上操作时只贯彻惩罚，忽略奖赏，刑罚便成了法律的主要成分，法被简化为刑。所以有学者称法家为罚家。

法度如此严酷，民众为什么还服从呢？这就要从权力上找原因了。

势 SHI 与 YU 术 SHU

要义

势与术是君主统治臣民的两种手段。势表现为强力，属于以力服人，具有阳刚的一面。术表现为谋略，属于以智服人，具有阴柔的一面。

中华优秀传统文化是什么

法家第一课

势

法家思想中，关于势的论述占有重要地位。那么，什么是势？法家又是怎样看待势的？

势：权位与威力

回放

齐国国君齐景公与相国晏婴到渤海游玩，登上高台回望齐国大地。

齐景公赞叹道："多么壮丽的国土啊！今后谁将享有它呢？"

"田氏。"晏婴接过话头说。田氏是齐国最有势力的家族，他的成员田常是齐国的执政大夫。

"我们吕氏是齐国的主人，而你却说田氏将享有它，这是为什么呢？"齐景公不满地问。

晏婴说："对臣子，田常从您这儿请求到爵位和俸禄，然后赐给他们；对民众，他出借粮食时用的是大斗，而收回粮食时则用小斗；对士人，杀一头牛，肉都分给他们吃，自己只留下一点点。他管理的集市上，出售的木料价格跟山上的木料差不多，鱼、盐这些东西的价钱跟海边的同类产品差不多。您加重征收财物，田常却舍得施予。大灾之年，路边常见饿死的人，而拖家带口投奔田常的人，没有听说有活不下去的。百姓的歌子里唱道：'哎，日子到头了！要想吃饱饭，还是归附田常吧！'民心已经倒向田氏了，所以我说享有齐国的将是田氏。"

齐景公流下了眼泪，问："现在应该怎么办呢？"

晏婴说："这有什么难的，把百姓夺回来就是了。只要实施恩惠而弥补百姓的不足，民众就会重新归附您的。那时就是有十个田常，又能把您怎么样？”

原文摘要

景公与晏子游于少海，登柏寝之台而还望其国……景公曰：“寡人有此国也，而曰田成氏有之，何也？”晏子对曰：“夫田成氏甚得齐民……今田成氏之德而民之歌舞，民德归之矣。故曰：‘其田成氏乎！’”公泫（xuàn）然出涕曰：“……今为之奈何？”晏子对曰：“……行恩惠而给不足，民将归君，则虽有十田成氏，其如君何？”

——《韩非子·外储说右上》

简议

田常为什么与齐景公争夺百姓？而晏婴又为什么给齐景公出主意把百姓再争夺回来？道理很简单，因为谁掌握了百姓谁就拥有了超过对方的“势”。

什么是势？在韩非那里，势也被称为势位。他举例说，弓弩的力量不大，却能把箭射得很高，这是由于借助了风力的缘故。人也是这样。譬如尧，当他还是一个平头百姓的时候，就是说破了嘴皮子也没人听他的，连三个人也管不了；然而他一旦坐上君主的宝座，命令人们去做的，没有人敢不马上执行，不准许人们做的，没有人敢不马上停止（《韩非子·难势》）。在这里，风就是弓弩的势，君位就是尧的势。为什么尧坐上了君主的宝座就有了势？因为臣民服从君主。这就是说，百姓遵从的不是某个人，而是他的权位。这说明，势表现为权位。

同时势也表现为威力。它是一种力量，使人心生恐惧、战战兢兢、不由自主，不得不服从。韩非说：“君主掌握了权力而拥有威势，所以能够令行禁止。权位，是决定生杀的职责；威势，是制服众人的资本。”①

综上所述，可以把势理解为权位和威力，人们习惯上把它称为权力。

既然如此，为什么不索性把它称为权力而偏偏称为势呢？主要原因大致有两个。其一，权力是一种制度性的东西，它需要人来使用和张扬，一旦制度与人合为一体，它便活了，权力有了生命就成为了势。譬如，君主位子空着，这个权位就是死的，没有任何作用，权力自己什么也做不了，只有当某个人坐上了这个位子并发号施令，君主的权力才有了实际意义。其二，权力和地位是一种名义的东西，只有当它表现为强大的力量而足以使众人服从时，它才是名副其实的，才是有价值的，权力有了实际内容就成为了势。就像上面的比方，如果当君主的这个人说话没人听，尽管他名义上拥有权位，但发挥不了作用，这个权位仍然是空的。

这也就是上面故事中田常为什么收买人心的原因。有了大多数百姓的拥戴，田氏权位膨胀，就可以架空国君，使其权位名存实亡，然后把他赶下君主的宝座，自己坐上去。这也是韩非反对推行仁义

---

① 君执柄以处势，故令行禁止。柄者，杀生之制也；势者，胜众之资也。（《韩非子·八经》）

的一个原因。他一再告诫君主，个人仁义的张扬，意味着君主权威的分解，所以决不能放任臣子或者有才能的人去以仁爱施舍来争取民众（《韩非子·八经》）。

势是君主治理国家的依凭。因为势表现为强大的威力，而在法家看来，民众一贯是受到慈爱就骄纵，见到威势就屈从的，所谓软的欺负硬的怕。韩非深信，凭着权力的威势，没有什么不能被制止（《韩非子·难势》）。主张依靠势来治理国家，着眼的还是对抗，这与以法治国所考虑的禁止人们做坏事是完全一致的，同时也符合他对时代特征的判断。他认为，当今时代比拼的是实力，势就是实力。依靠势来治理国家就是凭着强权的威力使民众不得不服从君主的统治。

势与法治

回放

孔子，是天下的圣人，他修养德行，宣扬儒家的道理去周游列国，然而，天下喜爱他的仁、赞美他的义并为之奔走效劳的门徒，仅仅七十个。这是因为看重仁爱的人很少，实行道义对人来说很艰难。因此，以天下之大，为他奔走效劳的门徒不过七十人，而真正能够做到仁义的，也就孔子一个人。

鲁国的国君鲁哀公，无论是品德还是才能在君主中都属于下等。然而就是这样一个人，坐在朝廷中发号施令，鲁国的民众没有敢不听从的。民众天性就害怕势，势也确实容易使人服从，所以孔子反倒做了人臣，而鲁哀公却做了人主。

孔子绝非崇拜鲁哀公的仁义，而是屈服于他的势。就仁义而言，孔子绝不会服从鲁哀公，但凭借着势，鲁哀公就可以使孔子俯首称臣。

原文摘要

仲尼，天下圣人也，修行明道以游海内，海内说其仁、美其义而为服役者七十人。盖贵仁者寡，能义者难也。故以天下之大，而为服役者七十人，而仁义者一人。鲁哀公，下主也，南面君国，境内之民莫敢不从臣。民者固服于势，势诚易以服人，故仲尼反为臣而哀公顾为君。仲尼非怀其义，服其势也。故以义则仲尼不服于哀公，乘势则哀公臣仲尼。

——《韩非子·五蠹》

简议

势就是这样使一个庸人成为人主而使一个圣人成为人臣的。这也从一个侧面告诉人们，势本身是中性的，可以被任何人所使用。

但势的运用就不是中性的了，它既可以带来恶的结果，导致天下大乱，也可以带来善的结果，造成天下大治。韩非曾通过驾车来说明这个问题。一辆非常好的马车，车身坚固，马匹优良，要是交给驾车高手王良来驱使，能日行千里，要是让一个根本不会赶车的奴隶去驾驭，人们就会笑掉大牙。车马并没有一点区别，或日行千里，或被人讥笑，之所以有这样大的反差是由于驾驭的技巧相差得太多。现在把国家比作车，把势比作马，用号令作缰绳，拿刑罚作鞭子，请尧、舜当驭手，天下就能够得到大治，让亡夏之君桀、亡商之君纣来驾驶它，天下就会陷于混乱。那是因为德才高的人与无德无才的人相差得太远了（《韩非子·难势》）。同样是势，掌握在不同的人手里，其作用和效果大不一样。

那么，怎样避免势带来恶果呢？靠人吗？回答是否定的。韩非认为，像尧和舜那样圣明的君主，很长时间才能出现一个，即使这样，已经算是比肩接踵而至了，历代治国者大多属于中等人才，所以根本无法实现由贤人掌权。怎么办呢？只有一条路可走，就是“抱法处势”。抱法就是坚持法治，处势就是依据权位和威力。韩非说：“抱法处势则治，背法去势则乱。”（《韩非子·难势》）不依据势不行，如果没有势，即便让尧、舜挨家挨户一个人一个人地去劝说动员，连三户人家也管理不好。但仅有势，不坚持法治也不行，如果没有法，无所制约，中等人才的君主就可能出现种种问题，譬如偏向自己喜欢的人、被重臣和亲信所左右、沉溺于享乐，等等，这些都会带来乱政。

所以韩非说，即使是中等才能的君主，只要坚持以强权进行统治，一切遵从法度，天下就可以享有太平，混乱要到桀、纣一类昏庸残暴的君主出现时才会发生，而这样的昏君也是极其罕见的，是用一世的混乱来换千世的太平。不坚持法、不依据势，而是把希望寄托在尧、舜一类英明君主身上，期待着他们的出现而使天下得到大治，无异于以千世的混乱来换一世的太平。哪一个更好呢？显然是前者。

势专属于君主

回放

宋国掌管建筑的大臣叫子罕，他对宋国的国君宋桓侯说：“奖赏恩赐这样的事，是民众所欢迎的，请您单独行使；刑罚杀戮这样的事，是民众所厌恶的，请让我来担当。”

宋桓侯说：“好！”

于是，只要遇上决定处死百姓以及诛杀大臣的案子，宋桓侯就说：“跟子罕商量去。”

一年之后，全国的臣民都知道宋国的生杀大权掌握在子罕手里，结果大家都依附于子罕。

不久，子罕挟持了宋桓侯，夺取了他的政权，而法令根本无力禁止。

原文摘要

司城子罕谓宋君曰：“庆贺赐予者，民之所好也，君自行之；诛罚杀戮者，民之所恶也，臣请当之。”于是戮细民而诛大臣，君曰：“与子罕议之。”居期年，民知杀生之命制于子罕也，故一国归焉。故子罕劫宋君而夺其政，法不能禁也。

——《韩非子·外储说右下》

简议

看起来，子罕是为国君着想，好人由国君去做，坏人由自己来做。宋桓侯还真让他表面的忠心蒙蔽了，把生杀予夺大权交给了子罕。人最宝贵的是生命，人最怕的就是失去生命，掌握了生杀大权就掌握了人的根本。结果，威势从宋桓侯那里转移到子罕手中，于是国家政权也就顺理成章地变成了子罕的。

韩非通过这个教训告诫君主，势永远只属于君主一人，对此绝不能大意。他说："君主的权势不可以转借给臣子使用。君主只失去了一分权力，臣子就会将其当做百分加以利用。因此，臣子只要是借助了君主的权力，他的力量就强大；力量强大了，朝廷内外就会被他所利用；朝廷内外被他所利用，君主就会被孤立、隔绝起来。"① 权力是不存在消耗的问题的，臣子会百倍地利用它，招降纳叛，收买人心，扩充权势，最后把君主赶下宝座，自己坐上去。

韩非曾以虎豹来比喻君主。他说，虎、豹之所以能够战胜人，成为百兽之王，凭的是坚牙利爪，倘若虎豹失去了这些，人就一定能制服它。至高无上的权位和威力，就是君主的爪牙，君临天下而失去自己的势，与失去爪牙的虎豹毫无二致。所以君主一定要牢牢地守住自己的势，决不出让一点点。商鞅也是这样看的，他说："权力这个东西，为君主所独自掌控。君主守不住自己的权力，危险就

① 权势不可以借人。上失其一，臣以为百。故臣得借则力多；力多，则内外为用；内外为用，则人主壅。（《韩非子·内储说下》）

到来了。”[1]管仲也说：“君主之所以能够制服臣子，靠的是威势。如果威势转移到了下面，那么君主就受制于臣子；威势保持在上面，那么臣子就受制于君主。”[2]君主一旦与势分开就失去了任何价值，他必须牢牢掌握住权势，将臣民笼罩在他的势力下，就像虎、豹把猎物置于它的爪牙下一样。

势专属于君主不仅对维护君主的个人地位具有生死攸关的意义，对治理政务也是必需的。管仲说：“威势独揽于君主，则群臣敬畏；法令政令独出于君主，则天下敬畏。如果威势分散于臣子，君主的意志就无法推行；如果法令政令出自于臣子，民众就难以听从。所以英明的君主治理天下，威势独掌于君主，决不与臣子共享；法令政令独制于君主，决不让臣子染指。因此我在《明法》篇中说：‘威不两错，政不二门。’”[3]最后那句话的意思是，威势不能由两家共享，命令不能由两家制定。

主张势专属于君主，并不意味着不给臣子权力——如果这样的话，那臣子就无法办事了，而是臣子只能在君主划分的职责范围内行使权力，从而使臣子的行为作为君主权力的延伸而发挥作用。韩非讲过这样一件事：韩国的国君昭侯酒醉后睡着了，管帽子的官担心他着凉，便给他盖上了衣服。韩昭侯醒来后问谁盖的衣服，回答

① 权者，君之所独制也。人主失守则危。（《商君书·修权第十四》）

② 人主之所以制臣下者，威势也。故威势在下，则主制于臣；威势在上，则臣制于主。（《管子·明法解》）

③ 故威势分于臣，则令不行；法政出于臣，则民不听。故明主之治天下也，威势独在于主而不与臣共，法政独制于主而不从臣出。故《明法》曰：“威不两错，政不二门。”（《管子·明法解》）

道是管帽子的官。于是韩昭侯同时处罚了管衣服的官和管帽子的官。管衣服的官被罚是由于他渎职，管帽子的官被罚是由于他越权。就此韩非说，韩昭侯不是不怕冷，而是在他看来，超越职权的危害超过了自己着凉。所以英明的君主蓄养臣子，禁止他们超越职权去立功，禁止他们陈述不适当的意见。超越职权的就处死，陈述不适当意见的就惩罚（《韩非子·二柄》）。

关于权力的分配问题，本书《合格的君主》与《君主眼中的臣民》两篇中已经论及，不再重复。这里要说的是，对立法权和赏罚权这两种权力，法家反复强调在任何时候、任何情况下都必须由君主亲自掌握。法家讲的势不可出让，多半指的是这两种权力；之所以不可出让，是因为它们太重要了。

韩非主张“法不两适”（《韩非子·问辩》），即君主的法律是最合适的行事准则，在此之外绝不允许出现第二个准则。为什么立法权在于君主呢？除了出于维护君主威势和政出一门的考虑外，还有一个原因，就是法的性质。法适用于所有人，维护的是整个国家的利益，这就是法的为公的性质。这就决定了它与个人的私自打算和行为是相互排斥的。既然法令与私是格格不入的，那么就不能由私家立法，无论是臣子还是百姓，都不能有立法权，因为他们每一个人代表的都是自己的利益，都有自己的打算，是不可能制定出为公的法令的。退一步说，即使将民众整体作为立法主体，也是不可能制定出维护国家的法令的，因为他们目光短浅，惰性十足，计较的只是个人小利而根本无视国家大利。君主就不同了，他是所有臣民共同的主人，是国家的代表，超出了私家的狭隘界限，所以立法权只能在君主。

管仲认为，对于法度，人们是有分工的。“有生法，有守法，有法于法。”（《管子·任法》）生法是制定法，守法是执行法，法于法是按照法来规范自己的活动。其中，制定法的人是君主，执行法的人是臣子（官吏），遵循法的人是民众。君主制定法是君道，臣子贯彻法是臣道，两者绝不可混淆（《管子·明法解》）。管仲主张五种情况处死不饶：删减法令的杀无赦；增加法令的杀无赦；不执行法令的杀无赦；扣留法令的杀无赦；不服从法令的杀无赦（《管子·重令》）。之所以如此严酷，就是为了维护君主的立法权，防止有人塞进私货。

赏罚与法是一体的，既然立法权在君主，赏罚权当然也在君主。法家将权力称为“柄”，即权柄，赏罚叫作“二柄”（《韩非子·二柄》）。韩非说：“明主之所导制其臣者，二柄而已矣。”导通道，意思是，英明的君主用来将臣子控制在预设轨道上的东西，不过是奖赏和刑罚这两个权柄罢了。法家看重赏罚权，是因为它与人的趋利避害的天性直接相关，谁掌握了它，谁就掌握了臣民。管仲认为，君主的统治靠的就是赏罚，用奖赏来役使臣民，用刑罚来威慑臣民。一旦君主失去了赏罚权，就没人听他的了。特别是臣子，他们服从君主，不是因为爱，而是为了保住利禄、免遭刑罚（《管子·明法解》）。赏罚权可具体分为杀、生、富、穷、贵、贱六种，它们是君臣关系形成的媒介，这六种权力受到损坏，君臣关系就会扭曲变形（《管子·法法》）。

所以赏罚一定要由君主亲自操作。韩非说：“奖赏出于君主一人之口的，这个国家可以无敌于天下；奖赏由君主和臣子共同发布的，这个国家的军队只有一半听从君主；奖赏出于十个人之口的，这个国家的民众就不再守护他们的君主了。”①

总之，君主之为君主，不在于道德，也不在于才干，而在于势——权位和威力；离开了势，他什么也不是。因此，君主的势是绝对不可转让的。

① 利出一空者，其国无敌；利出二空者，其兵半用；利出十空者，民不守。（《韩非子·饬令》）

拾得

势是个很难说清的概念，属于只可意会不可言传一类。但它一定与力量有关。

譬如，我们来到泰山脚下，抬头仰望，赞道："好大的气势！"人们之所以由心底发出这一声惊叹，是因为它巨大的体量拔地而起，人在它面前显得那样渺小。如果我们面对的是一座小山包，绝不会产生被震慑的感觉。同样的，站在黄河壶口边上，我们会两腿发软，心惊肉跳，而站在公园的小河旁，我们会觉得自己很高大。这就是力量的作用，慑人的气势来自于力量。

法家也是在力量的意义上来讲势的。譬如，我们曾引用过《韩非子》中的一个例子：有一个坏孩子，父母发怒、邻居干涉、老师批评都无济于事，拿他一点办法也没有。官吏来了，他手持官府的兵器，带着国家法令。结果这孩子吓得不得了，赶紧改邪归正。由此，韩非总结道，"民顾骄于爱、听于威矣。"（《韩非子·五蠹》）顾，是一贯、历来的意思，民众历来是受到慈爱就骄纵，见到威势就屈服。这威势就是官府的力量，武器和法令就是力量的具体构成。

可以这样说，势是力量的体现，或者说它本身就是一种力量。

势作为力量，其基本特征是强。所谓强，有两层意思：一是强大，一是强制。势一定是强大的，否则人们不会被震慑。势一定是强制性的，因为它的力量远远超过你，你不得不遵从它。在势的面前，不由分说，没有自主选择，不容抗拒。人们为泰山的气势所折服，不是愿意不愿意的问题，而是情感油然而生，不能自已。那个孩子屈从于官吏，也不是愿意不愿意的问题，而是必须遵照官家的意志去做，没有一丝一毫的商量余地。

所以，势是一种强力。

其实，从势的实际效用来看，不一定非要有名义上的授权才能形成势，譬如，我们常说的有钱有势、人多势众等现象就未必是立足于权位。财大气粗，说话有人听，就有了势；振臂一呼，四方响应，有人追随，这也是势；管一点事，手下一个兵没有，但恳请办事的人不少，人称事权，权不大势大。所以，我们完全可以把势理解得宽泛一些，只要有影响力，就可以列入势的范畴。

由于势可以与权力分开，所以才有造势、借势之说。造势是因为自己的吸引力、号召力不够大、不理想，人为地去扩大影响面。借势是因为自己缺乏实力，利用外部机会、条件以及他人的力量，来扩充自己的影响力。

影响力虽然不一定与权位相联系，但同样是强力。接受影响本身就是被动的，是被强势力量改造的过程。

法家讲势，常常与法相提并论，比如韩非所说的“抱法处势”。势是强力，法同样也是强力，表现为以恶抑制恶。按照传统意识，可以把势和法列入“阳”的范畴。有阳必有阴，那么与势和法相匹配的“阴”是什么呢？是术。

术

术是法家思想的一个重要内容。

那么，什么是术？

术对君主的统治又具有怎样的意义呢？

术：驾驭臣子的计谋

回放

孔子有个学生叫宓（mì）子贱，被鲁国派去治理单（shàn）父（今山东省单县）这个地方。

有若也是孔子的学生，前去看望宓子贱。一见面，有若就问："你怎么瘦成了这个样子？"

宓子贱叹了口气，说："国君不知道我没有才能，派我来治理单父。政事太多了，催得又紧，心里着急，身体也吃不消，不瘦才怪！"

有若笑了笑，说："从前舜治理天下，手指弹奏着五弦琴，口中唱着'南风'之歌，天下就太平了。单父与天下相比，简直太小了，就这样你还忧虑不已，要是把天下交给你，你怎么受得了？"

宓子贱问："那应该怎么办呢？"

有若说："应该运用术啊。掌握术来治理国家，身体坐在朝堂上，脸上泛着少女般的红润，不用费多少力气国家就治理好了；不通过术去治理国家，即便身心憔悴，也不会取得多少成效的。"

原文摘要

宓子贱治单父。有若见之曰："子何臞（qú）也？"宓子曰："君不知贱不肖，使治单父，官事急，心忧之，故臞也。"有若曰："……有术而御之，身坐于庙堂之上，有处女子之色，无害于治；无术而御之，身虽瘁臞，犹未有益。”

——《韩非子·外储说左上》

简议

什么是术？韩非说：“术这种东西，就是根据承担事情的能力授予官职，按照职务名义要求官吏做出相应业绩，操纵生杀大权，考核群臣的实际能力。这些是君主所执掌的。”① 又说：“术是藏在君主心里，用来比较验证各种事情而暗中驾驭群臣的。”② 从韩非的这两句话中可以看出，术的主体是君主，由君主掌握和运用；术的对象是臣子，是君主用来专门对付臣下的；术的目的是驾驭臣子，通过考核和赏罚来用好人才；术的性质是私密性，它藏于君主心中，暗中进行。

关于术，管仲也谈过一些。他使用过两个词：“心术”和“计数”（《管子·七法》）。心术指的是态度，有内心活动的意思；计数指的是程度，有算计的意思。二者合起来，就是心的算计。

综上所述，可以简要地把法家的术理解为君主驾驭臣子的计谋。

术与法相比，具有两个突出特点。一是专一性。法的对象是全体国民，百姓、官吏、君主都包括在内，无一例外；而术的对象只是官吏，君主不直接与百姓打交道，术用不到他们身上。二是隐秘

---

① 术者，因任而授官，循名而责实，操杀生之柄，课群臣之能者也。此人主之所执也。（《韩非子·定法》）

② 术者，藏之于胸中，以偶众端而潜御群臣者也。（《韩非子·难三》）

性。法是公开的，而术是隐蔽的。对此韩非讲得非常明白：“君主运用的最有分量的东西，无非是法和术。法是编写成文、设置在官府、发布于民众的东西。术是只有君主知道、通过多方比较验证、暗中驾驭臣下的东西。可见，法是越公开越好，而术则不能显露出来。所以，英明的君主颁布法，整个国境内，包括那些卑贱的人在内，没有不知道的，不仅仅是让在场的人知道；而使用术，就连身旁宠幸的亲信都不让知道，更不用说在场的人了。”① 法是知道的人越多越好，而术只属于君主一人，是在秘密状态下进行的，不能说出来，更不能以文字的形式加以明确。用今天的话来说，术是无法摆上桌面的，只能进行暗箱操作，带有阴谋的味道。

然而，君主不是掌握了最高权力，能够操纵臣子的命运吗，为什么还要依靠心计来对付臣子呢？理由很简单，因为臣子与君主不是一条心。

韩非从人的自私自利的本性出发，将臣子与君主对立起来。他认为，君臣之间的利益是根本不同的，臣子获得了利益，君主就一定损失利益；君主获得了利益，臣子也一定损失利益；所以臣子绝无可能忠于君主（《韩非子·内储说下·六微》）。韩非讲过这样一件事：一个叫公叔的人担任韩国的丞相，他觉得自己的相位不稳，因为国君韩宣惠王同时还很信任一个叫公仲的人。公叔与齐国的关

① 人主之大物，非法则术也。法者，编著之图籍，设之于官府，而布之于百姓者也。术者，藏之于胸中，以偶众端而潜御群臣者也。故法莫如显，而术不欲见。是以明主言法，则境内卑贱莫不闻知也，不独满于堂；用术，则亲爱近习莫之得闻也，不得满室。（《韩非子·难三》）

系非常好，为了巩固自己的地位，他促成韩国与齐国结盟，一起去讨伐魏国，然后借机把齐军引入韩国的都城，逼得韩宣惠王只好更加重用公叔。公叔想独掌大权，而韩宣惠王最怕臣子势力过大威胁君位，采取分而治之，使公叔与公仲互相牵制，这就是利益的不同。公叔不甘心，便勾结外国，逼韩宣惠王就范，这是典型的不忠。他得逞了，维护了自己的既得利益，然而却是以伤害君主的利益为前提的。

君主与臣子就这样在相互提防、算计中共事相处。一般说来，君主处于强势，臣子处于弱势。臣子不敢公开与君主硬顶，就在暗中进行活动，为了对付臣子的阴谋，君主也必须采取暗的一手。对自私而狡诈的臣子，君主如果不懂得运用术，或者手腕不高明，都会被人玩弄于股掌之中，陷于被动。所以，术对君主的统治来说是绝对不可缺少的。

这就是术的必要性。

自神术

回放

韩昭侯派使者骑着马到县城巡视。使者回来复命。

韩昭侯问："看见什么了？"

使者答道："什么也没有发现。"

韩昭侯脸一沉："怎么，就没有什么值得一说的吗？"

使者低下头，想了一会儿，突然说："南门外大路的左边，有头小黄牛在吃庄稼苗。"

韩昭侯不动声色地吩咐道："不许把刚才说的这件事泄露出去。"

于是韩昭侯下达命令："本来就有规定，当庄稼苗生长的时候，禁止牛马闯进农人家的田地，但官吏根本不把这个规定当回事，很多牛马进入了农田，糟蹋庄稼。现在你们立即把闯入农田的牛马数量报上来，如果不报，将严加惩罚。"

不久，东门、西门、北门三个地方的报告都上来了。韩昭侯说："还没有调查齐全。"命令再查。官吏们又仔细检查了一遍，终于在南门外发现了吃庄稼苗的小黄牛。官吏们大为震惊，深为韩昭侯的明察所折服。从此以后都战战兢兢地守着自己的职责而不敢有丝毫松懈。

原文摘要

韩昭侯使骑于县。使者报，昭侯问曰："何见也？"对曰："无所见也。”昭侯曰：“虽然，何见？”曰：“南门之外，有黄犊食苗道左者。”昭侯谓使者：“毋敢泄吾所问于女。”乃下令曰：“当苗时，禁牛马入人田中固有令，而吏不以为事，牛马甚多入人田中。亟举其数上之；不得，将重其罪。”于是三乡举而上之。昭侯曰：“未尽也。”复注审之，乃得南门之外黄犊。吏以昭侯为明察，皆悚（sǒng）惧其所而不敢为非。

——《韩非子·内储说上·七术》

简议

运用小牛吃禾苗这个信息，韩昭侯成功地完成了一次包装，使自己以洞察一切的明君形象展示在臣子面前。这种做法属于术，可以叫自神术。

自神术是自己进行粉饰，而不是让别人来运作，是一种自我行为，所以称为“自”。其要害是神。所谓神，可概括为两个基本方面，一个是神通，让人觉得无所不知，无所不能。本文中韩昭侯的做法就属于这个方面。另一个是神秘，让人觉得高深莫测，不可捉摸。前面举过一个例子，县令庞敬巡视市场，负责市场的官员和管理人一起来见他，告辞时他让管理人先走，把官员留下来。其实庞敬什么都没说，但管理人却认定庞敬一定布置了些什么，从此服服帖帖的。庞敬的做法就属于制造神秘。

将自己神通化有许多好处，最大的效用就是对臣子形成巨大的威慑力，让他们心存恐惧，谨慎从事。韩昭侯明明知道南门外有头小黄牛闯进了农田，却不说破，只是暗示一定有情况，命令官吏们去找。大家跑了一圈，报告说没有情况，韩昭侯仍然坚持。没法子，大家又去找，果然发现了情况。这时候，南门外的实情是次要的了，人们无不为国君的预见和明察所折服，由此联系到自己，谁能不害怕？国君的那双慧眼无处不在，什么也瞒不住他，往后可得留神了，说不定哪天就被他抓住了把柄，丢了脑袋。

将自己神秘化有种种好处，这里只列举两点。

首先，君主将真实的我隐藏起来可以迫使臣子暴露出真实面目。臣子为了自己的利益，往往采取迎合君主的姿态。君主雄心勃勃，想建立伟业，臣子就会把自己装扮成有事业心的人；君主厌恶浪费，臣子就会做出珍惜财物的样子。清朝道光皇帝俭吝成性，满朝文武纷纷迎合，争着往衣服上打补丁，弄得朝廷例会像丐帮聚会。其实，这都是假象，是做出来给皇上看的。所以，如果君主无所表露，臣子便没有可迎合的东西，只能以自己的本来面目出现在君主面前，从而使君主能够针对臣子的特点采取对策。

其次，可以避免被臣子所利用。臣子无时无刻不在窥测、研究君主，企图摸透君主的脾气、性格、心理活动、思维方式，等等，掌握君主的思想和行动规律，一旦得逞，就会事先采取对策，从中牟利。除了上面所说的通过迎合而使自己得到更高的信任、职位和奖赏外，更重要的是可以通过以贪天之功或贪天之威的方式分享君主的权势，例如，某人察觉到君主可能要任用或赏赐某个臣子，便制造假象，让受奖者以为这个恩典是他争取到的；察觉到君主可能降罪惩办某人，也会事先采取措施，让人觉得这是他的作用。这样，不仅当事人会对他感恩戴德或畏惧退让，别人也会更加敬畏他。显然，君主无形中被利用了。所以韩非告诫君主，赏罚的意图绝不可以事先暴露出来（《韩非子·内储说下·六微》），任用人一定要如同鬼一样不可捉摸（《韩非子·八经》）。如果君主能够做到神秘莫测，来无影，去无踪，了无痕迹，臣子就无法摸清君主的思想和行动轨迹，当然也就不能利用君主，从而使君主独享权势。

总之，自神术对君主是不可或缺的。这是由君臣之间数量对比所决定的。君主只是一个人，而臣子则有许多个，要以少胜多，只有超人才能做到，数量上的差距，由一种特殊的质——神力来抹平，所以君主就把自己装扮成神的模样。自神术是君主制胜的一种智谋。

观察术

回放

叔孙豹担任鲁国丞相，权高位重而专横武断。他有个仆人叫竖牛，非常受主人的宠信，时常盗用叔孙豹的名义发号施令。

叔孙豹的二儿子叫仲壬（rén），竖牛很是嫉恨他。竖牛找了个机会与仲壬一起去见鲁国的国君。国君送给仲壬一只玉环，仲壬不敢佩戴，便托竖牛向父亲求情准许他佩戴。竖牛骗他说，叔孙豹点头同意了，仲壬就把玉环戴在了身上。接着，竖牛建议叔孙豹带着仲壬去拜见国君。叔孙豹说："小孩子有什么值得引见的？"竖牛说："仲壬已经私下里多次拜见国君了，国君还送了他一只玉环。"叔孙豹叫人把仲壬找来，果然见他身上佩戴着玉环。

叔孙豹大怒，杀掉了仲壬。

叔孙豹的大儿子叫孟丙，竖牛很是嫉恨他。叔孙豹为儿子铸了一口大钟，孟丙不敢敲它，就托竖牛向父亲求情准许他敲钟。竖牛骗他说，叔孙豹点头同意了，孟丙便敲响了大钟。

叔孙豹大怒，把孟丙赶出了家门。孟丙跑到临近的齐国暂时安身。一年后，竖牛向叔孙豹求情，准许孟丙回来。叔孙豹同意了，命令竖牛去办这件事。竖牛没有去见孟丙，却对叔孙豹说："孟丙很生您的气，不愿意回来。"叔孙豹大怒，派人刺杀了大儿子。

后来，叔孙豹病倒了。竖牛日夜守在主人身边，不让任何人见他，也不给他饭吃。叔孙豹就这样被活活饿死了。等别人发现的时候，竖牛早带着叔孙豹家的财宝逃跑了。

原文摘要

叔孙相鲁，贵而主断。其所爱者曰竖牛，亦擅用叔孙之令。叔孙有子曰壬，竖牛妒而欲杀之……叔孙召壬见之，而果佩之，叔孙怒而杀壬。壬兄曰丙，竖牛又妒而欲杀之……叔孙使竖牛召之，又不召而报之曰："吾已召之矣，丙怒甚，不肯来。"叔孙大怒，使人杀之。二子已死，叔孙有病，竖牛因独养之而去左右……不食而饿杀。

——《韩非子·内储说上·七术》

简议

像竖牛这样歹毒的人不多，像叔孙豹这样偏听偏信的人也不多，但反映出的问题具有普遍性。韩非讲这件事，意在说明观察的重要性。不重视识人，不知道如何去认清人的本质和事物真相，就会被奸人蒙蔽、利用，轻者吃亏上当，重者家破人亡。

那么，怎样才能不被蒙蔽呢？这就要学会观察术。法家讲观察术，是从君主角度来把握的，可以概括为以下几种。

第一，多方验证。也就是平常说的全面观察。韩非提醒君主，观察臣子不能只通过一条途径，一定要多侧面验证、多途径了解，这样才能不被蒙蔽。从各种渠道广泛获取信息后，君主要进行"参"，也就是将各个方面的材料进行反复比较，去掉假的、偶然的东西，找出真的、本质的东西。

第二，实绩考察。韩非主张君主应该从办事能力上鉴别臣子，用实际工作去测试臣子，以功劳大小来考核臣子，这样才能做到公正无私，贤人才不会被埋没，德行有亏的人才不会受到任用（《韩非子·难三》）。管仲讲得更具体一些，他说："英明的君主选拔贤人，号称有勇力的，就放到军队中去试验；号称有智慧的，就放到官职上去试验。经军队检验有功的，就提拔；经官府检验有能力的，就任用……昏乱的君主不这样，只是听人说而不去检验，所以说假话的人得以任用；所看中的人也不通过官职验证，所以无德无才的人大行其是。"①

第三，以虚就实。虚就是含混，不明确说出意图，但目的是清楚的，这就是实。韩非讲过这样一件事：戴欢是宋国的太宰，这天半夜他找来一个人，吩咐道："我听说这些天有人乘车到法官家门前，你去那里仔细给我察看一下情况。"派去的人回来报告说："没有发现车马，倒是看见有个人捧着装东西的小竹匣子与法官说话，没一会儿，法官就收下了匣子。"（《韩非子·内储说上·七术》）戴欢的目的其实有两个：一个是弄清楚法官的真实情况，另一个是借机考察下属，但他并不明说，只是笼统地说有人乘车出现在法官家门前，命令下属就此进行核实。这就是以虚就实，既查明了真相，又检验了下属。

第四，明知故问。就是用已经知道了的事情去询问臣子，以便

---

① 明主之择贤人也，言勇者试之以军，言智者试之以官。试于军而有功者，则举之。试于官而事治者，则用之……乱主则不然，听言而不试，故妄言者得用。任人而不官，故不肖者不困。（《管子·明法解》）

进行识别。《韩非子》中记载了这样一件事：韩国的国君韩昭侯握紧手，假装说自己掉了一片指甲，急着找回来。大家到处找，都没有找到，结果一个侍从割下了自己的手指甲交给国君。韩昭侯用这种手段来观察周围人对自己是否诚实，在场的几个侍从人品如何，一目了然（《韩非子·内储说上·七术》）。

第五，反向观察。就是制造相反的现象来识别人。有个叫子之的人在燕国当宰相。一次，他煞有介事地问："刚才跑出门的是什么，是匹白马吗？"左右侍从都说没瞧见。唯独一个人跑出去追着看，回来报告说："是有一匹白马。"子之用这种手段来了解侍从中谁可以信任、谁不能信任（《韩非子·内储说上·七术》）。

以上所举，只是观察术的一部分，但完全可以使我们了解观察术的大致情况。其中，有些是正大光明的东西，如多方验证和实绩考察；有些则纯属阴谋诡计，如以虚就实、明知故问和反向观察。不管是哪一类，都是君主避免被臣子蒙蔽的手段。

听言术

回放

魏国为了表示对赵国的友好，派太子去当人质，魏王命令一个叫庞恭的人陪同前往。

临行之前，庞恭对魏王说："假如有一个人说市场上有老虎，大王相信他的话吗？"

"不信。"魏王摇了摇头。

庞恭又问："假如有两个人说市场上有老虎，大王相信他们的话吗？"

"不信。"魏王又摇摇头。

"那么，假如有三个人说市场上有老虎，大王相信他们的话吗？"庞恭再问。

魏王迟疑了一会儿，点了点头，说："相信。"

庞恭说："市场上没有老虎是明显的事实，然而三个人一起说就变成了有老虎。邯郸离魏国要比市场离宫廷远得多，非议我的人也一定会超过三个人，恳请大王明察。"

后来庞恭从邯郸返回魏国，魏王竟然不见他。国君终于听信了谗言。

原文摘要

庞恭与太子质于邯郸，谓魏王曰："今一人言市有虎，王信之乎？”曰：“不信。”“二人言市有虎，王信之乎？”曰：“不信。”“三人言市有虎，王信之乎？”王曰：“寡人信之。”庞恭曰：“夫市之无虎也明矣，然而三人言而成虎。今邯郸之去魏也远于市，议臣者过于三人，愿王察之。”庞恭从邯郸反，竟不得见。

——《韩非子·内储说上·七术》

简议

人们常说要学会听人说话，韩非通过“三人成虎”的故事告诉人们，学会听人说话不是一件容易的事情。

要学会听人说话，必须掌握一定的技巧，这就是听言术。听言术可以从两个方面来把握：一个是君主方面，一个是对臣子的要求方面。

先看臣子方面。一般说来，臣子不会主动说出自己的真实想法。发生了一件事，君臣商量对策，臣子都不说话，他们在等。一是等君主开口，以把摸君主的态度，给自己定个调子，然后再发表意见；另一是等权臣开口，以估量形势，决定自己站在哪一边。一旦形成了议论，往往会出现三种情况：一是夸夸其谈，引经据典，离题万里，不着边际，其用意无非是两个，或者隐蔽自己的真实想法或者卖弄学问、哗众取宠；另一种是花言巧语，看上去堂堂正正，其实其中隐藏着不可告人的目的，完全是从自己的私利出发；再一个就是随大溜，站到多数意见的队伍中去，以提高保险系数。

针对这种情况，君主的对策有四种：第一，“设度”，也就是设置说话的范围，不准空对空，规定言论一定要切合实际（《韩非子·外储说左上》）；第二，“不取同”，也就是不能与别人说一致的话，不准随声附和，要有自己的见解（《韩非子·八经》）；第三，“不两谏”，也就是不准给出两种意见，模棱两可；第四，“有策籍”，策籍的意思是记录在案，臣子所说的话一概记录归档，这可以提高人们的重视，使他们对自己的言论负责，不掉以轻心，因为这是要找后账的。韩非最反对的就是说话没有实际内容，一味追求巧辩，认为这是亡国之兆。

再看君主方面。君主自己应该做到三点。第一，少说多听。韩非认为，君主在听取臣子的意见时，无论如何也不能先开口，姿态应该是超脱的，就像是喝多了酒，看上去糊里糊涂。只有这样，臣子们才能各抒己见，正确的和错误的见解才能充分交锋，君主才能知晓一切（《韩非子·扬权》）；第二，不盲从多数。韩非指出，言论作为一种物质，以多次重复来取得人们的信任，本来没有的东西，十个人说有，大家还有些怀疑，一百个人说有，大家就会认为可能有，一千个人说有，大家就相信了（《韩非子·八经》）。“三人成虎”就是一例。臣子为了某种目的，往往联起手来，众口一词，所以君主要特别小心，不要被多数所迷惑。第三，个别听取和集体讨论相结合。君主要逐一听取臣子的意见，不这样就难以分辨臣子的能力；还要进行集体讨论，不这样就不能从众多意见中选择出最好的方案，无法做出决断。具体步骤是先听取个别意见然后再进行集体讨论。

总之，听言术可以使君主听到真话、实话、有价值的话，是一种有效的听人说话的方法。

拾得

有着西方韩非之称的马基雅维里表达过这样一个意思：君主是所有人的敌人（《君主论·论混合君主国》）。这里的君主指的是通过变革而上台的新国王，因为他根本无法满足那些拥戴者当初的期望。其实，这句话对所有君主都适用，其中的原因韩非已经表达得很清楚了，那就是君主与臣民各有各的利益，一方利益的实现同时就是另一方利益的损失。不是谁跟谁过不去，而是利益使然。

这就造成了以一对多的政治格局。君主尽管是极少数，但有他的强势，这就是权位和威力——被法家称为势的东西。势是独一无二的，为君主所专有。但权势并不能决定一切，因为臣子完全可能把它夺走；权势也不能解决一切，因为臣子有的是对付君主的手段。为了更好发挥权势的作用，为了有效对付臣子，君主必须运用一套技巧。这种技巧被法家称为术。用现代语言来表达，说得严肃一些，叫作方式方法或者领导艺术；说得随意一些，叫作权术；说得学术一些，叫作谋略；说得俗一些，叫作手腕。这些名称所指的对象范围有所不同，但都包含了法家的术在里面。

术与势是联系在一起的，是有权位、有影响力的人使用的手段。但术与势有很大的不同。从形式上看，势是公开的，而术则是隐蔽的。权位越显赫越好，威力越张扬越好。俗话说，钦差出巡，地动山摇。钦差虽然代表的是皇帝，但毕竟是“差”，差尚且如此，不要说皇帝本人了。按清朝典制，皇帝出巡时仅操持仪仗的就有几百人，护卫过千，还不包括临时抽调的兵丁。朗朗乾坤，太平盛世，为什么非要闹出这么大动静？就是为了彰显威严。术正好相反，是君主私下里单独操作的东西，绝不能显示在众人面前，越隐蔽越好，万万不可“露馅”。譬如韩昭侯使用的自神术，关键就是不能让人知道他已经发现了南门外的那头小黄牛，这个秘密一旦泄露出去，他将会成为臣子的笑料，没有人再会怕他。当然，术里面也有可以摆在桌面上的东西，譬如观察术中的多方验证和实绩考察，但在运用上，仍然具有隐秘性，因为这是君主一个人的事情，什么时候使用，怎样使用，只有君主自己心里有数。

术与势的另一个不同表现在性质上，势是刚性的，以力服人，而术则是柔性的，以谋服人。关于势的刚性，法家论述中最能说明问题的就是赏罚。赏罚是权力的主要构成，被称为“二柄”。商鞅把奖赏归于文的一手，把刑罚划入武的一手，武就是暴力、强制。商鞅提出重刑轻赏，治国以刑罚为主，这样，奖赏便成了贯彻刑法的辅助手段，也就是说，文的一手是为武的一手服务的，这说明势的本性是强力。而术不同，它运用的是心计，看不见，摸不着，使人在不知不觉中落入圈套。譬如韩昭侯的那个做法，就是让官员们自己去意识到他的圣明，达到心服口服。

总之，势是公开的、强力的，术是隐蔽的、攻心的。按照传统说法，公开就是阳，强力就是刚；隐蔽就是阴，攻心就是柔。所以势的根本特征是阳刚，术的根本特征是阴柔。君主掌握势，运用术，可以说是“负阴抱阳”。

术与势是不可分的，是掌握了最高权力的君主对付臣子从而维持自己统治的手段。没有权力或者影响力，就没有运用术的条件，当然也没有运用术的必要；没有术，权力就是僵死的、脆弱的。我们不妨以韩昭侯为例，看一看术对于势的意义。可以有两个韩昭侯，一个是只依靠势来进行统治，不听命令就杀头，直来直去；另一个是除了依靠势之外，还运用术。前一个当然也能收到效果，人们怕他，但同时也会欺骗他；后一个没人敢骗他，因为大家以为他什么都知道，从而造成了韩昭侯的势无处不在的效果，权力就这样被用活了。由于势与术的这种关系，人们给了术一个更贴切的称呼：权谋。

图书在版编目（CIP）数据

法家第一课 / 高路著. —北京：中国国际广播出版社，2017.10
（中华优秀传统文化是什么）
ISBN 978-7-5078-4055-1

Ⅰ. ①法… Ⅱ. ①高… Ⅲ. ①法家—通俗读物 Ⅳ. ①B226-49

中国版本图书馆CIP数据核字（2017）第162589号

法家第一课

著　　者	高　路
策　　划	王钦仁　张娟平
责任编辑	筴学婧
版式设计	国广设计室
责任校对	徐秀英

出版发行	中国国际广播出版社［010-83139469　010-83139489（传真）］
社　　址	北京市西城区天宁寺前街2号北院A座一层 邮编：100055
网　　址	www.chirp.com.cn
经　　销	新华书店
印　　刷	环球东方（北京）印务有限公司

开　　本	640×940　1/16
字　　数	200千字
印　　张	18
版　　次	2017 年 10 月　北京第一版
印　　次	2017 年 10 月　第一次印刷
定　　价	36.00 元